Günther Fischer
Der Fall Rucellai

Günther Fischer

Der
Fall
Rucellai

Eine Spurensuche
im 15. Jahrhundert

Birkhäuser
Basel

Dank

Jede wissenschaftliche Forschung – und erst recht natürlich die Kultur als Ganzes – ruht auf den Schultern unzähliger Vorgängerinnen und Vorgänger. In besonderem Ausmaß gilt dies aber für die vorliegende Arbeit, die ohne zwei grundlegende wissenschaftliche Texte nicht hätte geschrieben werden können: *The Rucellai Palace* von Brenda Preyer und *Studies in the architectural career of Bernardo di Matteo Ghamberelli, called Rossellino* von Charles Randell Mack. Alle Grundlagen, materielle Fakten, biografische und bauliche Details zum Rucellai-Palast wurden von diesen amerikanischen Kunsthistorikern bereits in den 70er- und 80er-Jahren des vorigen Jahrhunderts in jahrelanger, mühseliger Arbeit in den Archiven von Florenz aufgespürt, gesammelt, geordnet und zu einem Gesamtbild zusammengesetzt und dadurch die Forschung zu diesem Gebäude substantiell vorangetrieben. Auch wenn die intensive Recherche letztlich zu unterschiedlichen Schlussfolgerungen führte, schuf sie dennoch das Fundament, auf dem dann durch einen veränderten Blickwinkel ein weiterführender Ansatz entstehen konnte.

Wesentliche Beiträge lieferten auch die anderen Autoren der vom Warburg Institut in London herausgegebenen Veröffentlichung *A Florentine Patrician and his Palace*, insbesondere F. W. Kent und Piero Sanpaolesi. Darüberhinaus stellte das Grundlagenwerk von Robert Tavenor *On Alberti and the Art of Building* umfangreiche und exakt aufgemessene grafische Unterlagen des Palastes zur Verfügung.

Ein besonderer Dank gilt schließlich dem langjährigen Verlagsleiter des Birkhäuser Verlags in Basel, Ulrich Schmidt, dessen Ermutigung und Unterstützung in jeder Phase des Projekts die Veröffentlichung erst möglich gemacht hat.

Brück, den 18. Juni 2021
Günther Fischer

Inhalt

IV
Legende und Realität:
Die falsche Zuschreibung

V
Rätsel und Lösung:
Der verkannte Künstler

VI
Etappe und Ziel:
Unverhofftes Glück

Abb. 1: Ansicht des Palazzo Rucellai von der Via del Purgatorio

Einleitung:
Was wäre, wenn...

Die Fassade des Palazzo Rucellai ist eines der faszinierendsten Architekturereignisse der Frührenaissance, eine optische Sensation in der mittelalterlichen Enge der Via della Vigna Nuova: fremd, einzigartig, zu der Zeit, in der sie entstand, eine Chiffre aus einer anderen Welt. Keine Architekturgeschichte der Renaissance und kein Reiseführer von Florenz kommen ohne die Erwähnung dieser ikonisch gewordenen Palastfassade aus. Ihren Ruhm verdankt sie aber nicht nur ihrer einzigartigen Gestaltqualität, sondern auch der Zuschreibung zu einem berühmten Autor: dem Humanisten, Architekturtheoretiker und Architekten Leon Battista Alberti. Das gilt im Übrigen auch umgekehrt: Von den wichtigsten, Alberti zugeschriebenen Bauwerken – San Francesco in Rimini, Palazzo Rucellai und Santa Maria Novella in Florenz, San Sebastiano und St. Andrea in Mantua – wird meist als erstes (und oft auch als einziges) der Renaissancepalast in Florenz abgebildet und als Beleg für die architektonische Meisterschaft dieser faszinierenden Künstlerpersönlichkeit angeführt.

Was aber wäre, wenn sich der Auslöser dieser Zuschreibung, Giorgio Vasari, wie so oft auch in diesem Fall geirrt hätte? Wenn er in seinen *Vite* (Lebensbeschreibungen)[1] von 1564 nicht Alberti als Architekten des Palazzo Rucellai benannt hätte? Hätte die Kunstgeschichte dann umgeschrieben werden müssen? Wäre dann doch Bernardo Rossellino ins Spiel gekommen, weil die Ähnlichkeit mit dem von ihm entworfenen und gebauten Palazzo Piccolomini in Pienza kein Zufall sein konnte, sondern zwingend auf gleiche Herkunft und Autorenschaft verwies? Und wäre dann – weil Rossellino keinen besonderen Ruf unter Kunsthistorikern besaß – auch der Palazzo Rucellai eher als Kuriosität in die Kunstgeschichte eingegangen, als Sonderfall des florentinischen Palastbaus, der keine Nachahmung fand, sondern ein Fremdkörper blieb? Oder hätte umgekehrt die künstlerische Ausnahmequalität der Palastfassade die Bewertung Rossellinos grundlegend geändert und ihn in eine Reihe mit Brunelleschi, Ghiberti, Michellozzo gestellt?

Generationen von Kunsthistorikern haben sich an der Frage der Autorenschaft des Palazzo Rucellai abgekämpft. Während im 19. Jahrhundert, als Vasaris Wort noch weitgehend für bare Münze genommen wurde, niemand Alberti als Architekten des Palazzo Rucellai in Zweifel zog, plädierte in den 1920er-Jahren Julius Schlosser, der Autor der berühmten *Kunstliteratur*, in seinem Aufsatz „L. B. Alberti. Ein Künstlerproblem der Renaissance"[2] als einer der ersten mit gewichtigen stilistischen Argumenten für Rossellino, ohne allerdings die festgefügte Überzeugung seiner Zunftkollegen nachhaltig erschüttern zu können. Erst 1972 meldete Charles Randall Mack in seiner Dissertation[3] über Rossellino erneut Zweifel an der Autorenschaft Albertis an, die immerhin einen länger anhaltenden Disput auslösten, bis der Streit dann Ende des 20. Jahrhunderts mangels neuer Erkenntnisse endgültig einschlief. „We have apparently reached an impasse in our consideration of the Rucellai Palace, with credible arguments backing up an attribution either to Bernardo Rossellino or to Alberti. A new approach must now be sought"[4], schrieb Mack schon 1974.

Was aber wäre – um die eingangs gestellte Frage weiterzuspinnen –, wenn der gesuchte neue Ansatz darin bestünde, den Faktor Zeit in die Betrachtung einzubeziehen? Allerdings nicht in Form der letztlich ergebnislos verlaufenen Debatte über das exakte Datum der Fertigstellung des Palazzo – niemand kennt es genau –, sondern als Versuch, diesen nicht länger als erstarrtes Kunstgeschichtsobjekt zu betrachten, sondern als gewordenes Architekturprojekt, und die Fassade nicht länger als fertiges Bild, sondern als Endprodukt eines langen Entwurfsprozesses. Schließlich ist es eine höchst unwahrscheinliche und letztlich auch naive Vorstellung, diese komplexe und ästhetisch ausgefeilte Fassade hätte sich wie von Zauberhand auf dem Papier manifestiert oder wäre infolge einer spontanen kreativen Eingebung mit einem Schlag als jenes vollkommene Endprodukt entstanden, das in späterer Zeit dann Gegenstand akribischer stilistischer Untersuchungen der Kunsthistoriker wurde.

Eine derart gelungene Fassade entsteht nicht aus dem Nichts, ihr muss ein längerer Entwicklungsprozess vorangegangen sein. Entwerfen braucht Zeit. Oft nicht nur Tage, Wochen oder Monate, sondern Jahre. Es gibt in jedem Entwurfsprozess Phasen des Stillstands, Rückschläge, Neuanfänge, Korrekturen, vor allem aber: Varianten! Entwerfen ist Denken in Alternativen, das Ausmessen von Möglichkeitsräumen. Könnte also nicht das Nachvollziehen des Entwurfsprozesses, das Erkunden des Lösungswegs mit all seinen Kreuzungspunkten, Abzweigungen, Alternativen und Varianten bis hin zur schlussendlich Stein gewordenen Realität auch im Fall des Palazzo Rucellai neue Erkenntnisse und Einsichten bringen?

Eine solche Herangehensweise verlangte allerdings, sich gedanklich in jenen Zustand zu versetzen, in dem sich die Stadt Florenz, das Quartier und das Grundstück, aber auch der Bauherr selbst befanden, als dieser den Plan fasste, einen Palast zu bauen. Erforderlich war ein Blick zurück in die Mitte der 1440er-Jahre, in das Jahrhundert der Medici und in die erste Blütezeit der Renaissance: Wie sah das Leben im damaligen Florenz aus? Wie musste man sich die alte Bebauung und das Zusammenleben der Menschen in der Enge der mittelalterlichen Gassen vorstellen, wie die Wohnsituation der Familie Rucellai, bevor der Hausherr begann, den väterlichen Stammsitz an der Ecke Via della Vigna Nuova/Via dei Palchetti zu einem repräsentativen Stadtpalast zu erweitern? Wie viele Häuser standen dort vorher, wie groß waren sie und wie sahen sie aus? Und wie stark wurde der auf diesem Areal dann neu errichtete Palast im Laufe der nächsten 500 Jahre durch immer neue An- und Umbauten überformt, sodass das heutige Erscheinungsbild an wichtigen Punkten vom Originalzustand abweicht? Was also würde zum Vorschein kommen, wenn die aufeinanderfolgenden Bau- und Zeitschichten, die durch die jeweils neue Bautätigkeit verschüttet worden waren, Stück für Stück freigelegt würden?

Diese akribische, quasi archäologische Spurensuche bildete aber nur den notwendigen Ausgangspunkt für den zweiten Schritt: den Versuch, auch entwurflich „in statu nascendi", zur Stunde null, zurückzukehren, um von dort aus die gleichen Schritte, Optionen, Abwägungen und Alternativen nachzuvollziehen und auf ihr jeweiliges Potenzial abzuklopfen, wie es der Bauherr und sein Architekt in vielen Diskussionen getan haben müssen, um zu dem letztlich realisierten Ergebnis zu gelangen. Erst dann bestand die Möglichkeit, ein klareres Bild der Akteure und ihrer Intentionen zu gewinnen und auf diesem Wege vielleicht auch die Frage nach dem Urheber der Fassade neu zu beantworten.

Ein gedankliches Abenteuer also, ein Ausflug in den Maschinenraum der Renaissancearchitektur – doch wer sich auf dieses Abenteuer einlässt, wird mit einem gänzlich veränderten Blick auf den Palazzo Rucellai zurückkehren.

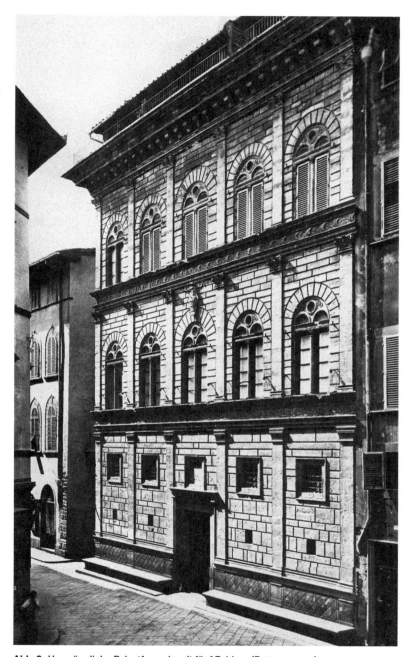

Abb. 2: Ursprüngliche Palastfassade mit fünf Feldern (Fotomontage)

I
Rucellai und die Medici:
Ein Palast und sein Vorbild

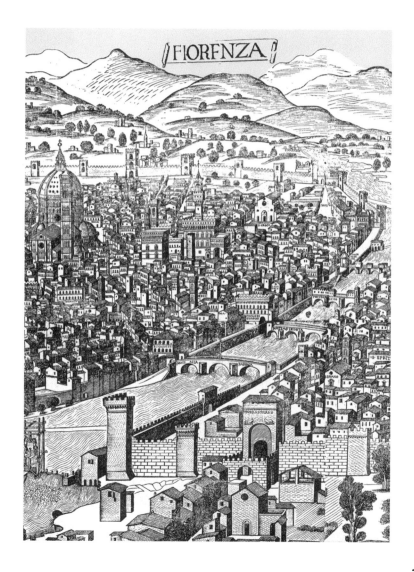

Die Rekonstruktion der alten Bebauung

Anfang des 15. Jahrhunderts lebte der weitverzweigte Clan der Rucellai im Quartier Leon Rosso zusammen mit den benachbarten Familien der Pandolfini und der Strozzi. Kirche und Kloster San Pancratio lagen in unmittelbarer Nähe, St. Maria Novella, die große Hauskirche der Franziskaner, war nicht weit entfernt, und auch bis zum Mercato Nuovo und zum Palazzo Vecchio im Zentrum waren es nur etwa acht Minuten Fußmarsch. Paolo Rucellai, der Vater von Giovanni (dem

Abb. 4: Innenstadt Florenz

späteren Bauherrn des Palazzo Rucellai), besaß ein Eckhaus in der Via della Vigna Nuova, wo er mit seiner Frau Caterina, vier Kindern und entsprechenden Bediensteten lebte. Außerdem gehörten ihm Anteile

Abb. 5: Rucellai-Quartier

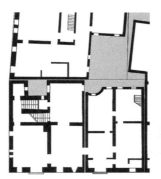 

Abb. 6: Grundriss altes Eckhaus   **Abb. 7:** Modell alte Eckbebauung

an weiteren Gebäuden im Quartier, ein Landhaus in Quarracchi, einige kleine Bauernhöfe und etwa 2000 Florin an kommunalen Schuldverschreibungen. Die Familie war also relativ gut situiert, gehörte aber nicht zur engeren Führungsschicht.

Das Grundstück an der Ecke Via della Vigna Nuova/Via dei Palchetti war nicht sonderlich groß, ca. 10,50 m breit und 12,50 m tief, also etwa 130 qm insgesamt. Wie bei der Ecke einer Blockrandbebauung üblich, lag es eingezwängt zwischen den beiden angrenzenden Grundstücken und war fast vollständig überbaut, von einem winzigen Hof oder Lichtschacht abgesehen. Ablesbar ist das an dem Kellergrundriss, der noch die Breite der ursprünglichen Häuser zeigt, aber auch deren konstruktiven Aufbau mit einer tragenden Mittelwand, die

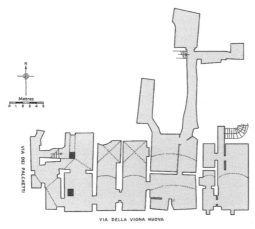

Abb. 8: Kellergrundriss von 1968

kurze, parallel zur Straße gespannte Deckenbalken in den Geschossen ermöglichte. (Deutlich sichtbar ist auch der nachträgliche Einbau von zwei Pfeilern im Eckhaus, die nach dem Umbau die Lasten der neuen Seitenwand des Hofzugangs und der darüberliegenden westlichen Saalwände aufnehmen sollten.)

Anhand der Kellergrundrisse lassen sich auch Vermutungen über die Ausdehnung der einzelnen Häuser in den Blockinnenraum anstellen. Typologisch kamen für das Eckhaus zur Belichtung, Belüftung und zur Erfüllung sanitärer Mindestanforderungen entweder ein Hof in der Gebäudeecke zum Blockinnenraum (wie im Modell dargestellt) oder ein Lichtschacht an der Brandwand zum Nachbargebäude in Betracht. Da ein kleiner Teil im Bereich der nördlichen Brandwand nicht unterkellert ist, wurde für die weiteren Überlegungen die Lichtschachtvariante zugrunde gelegt.

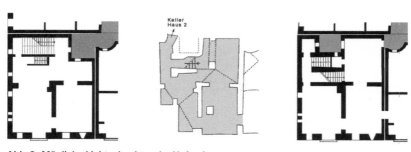

Abb. 9: Mögliche Lichtschacht- oder Hofvarianten

Der Keller des nächsten Hauses an der Via della Vigna Nuova endete kurz vor der nördlichen Grundstücksgrenze und schwenkte an einer Ecke noch etwas zurück, sodass hier ein winziger Austritt nach Norden vermutet werden kann. Damit steht fest, dass es keine einheitliche, über beide Häuser durchgehende rückwärtige Gebäudefront gab, sodass für die Loggia und die darüberliegenden Säle des späteren Palastes tatsächlich eine von Grund auf neue Rückwand gebaut werden musste.

Mit dem dritten Gebäude an der Via della Vigna Nuova wechselt die traditionelle Typologie der Blockrandbebauung endgültig vom Eckhaustyp zum straßenbegleitenden Reihenhaustyp mit Vorder- und Hinterhaus, verbunden über einen seitlich mit Schuppen, Ställen und sonstigem Nebengelass eingefassten Hofbereich. Die heute noch vorhandenen Kellerreste stimmen mit einer solchen Form der Bebauung

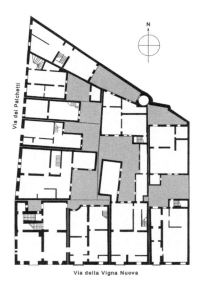

Abb. 10: Rekonstruktion der alten Bebauungsstruktur des Gesamtquartiers

überein, auch die laxe Schrägstellung des Anbaus oder nachträglich errichteten Stallgebäudes ist nicht ungewöhnlich. Wahrscheinlich entsprach auch die nächste, östlich angrenzende Bebauung diesem Typus.

Da der überlieferte Kellergrundriss keine Aussagen über die restlichen Gebäude an der Via dei Palchetti enthält und alle sonstigen baulichen Überreste durch Abriss und späteren Neubau vernichtet wurden, bleibt die für diesen Bereich skizzierte Bebauung rein hypothetisch und orientiert sich lediglich an vergleichbaren Bebauungsmustern der damaligen Zeit. Die Rekonstruktion der gesamten Grundstückssituation kann aber trotzdem einen realistischen Eindruck von der Aufgabe vermitteln, vor der Giovanni Rucellai und sein Architekt standen, als sie begannen, sich mit der Umwandlung von sechs (später

Abb. 11: Modell der alten Bebauungsstruktur

Abb. 12: Hypothetische Ansicht der alten Häuser

sieben) einzelnen, relativ kleinen Häusern in einen großen, zusammenhängenden Palast zu befassen.

Auch über Aussehen, Höhe und Anzahl der Geschosse der ursprünglichen Bebauung sind keine Angaben überliefert. Es gab allerdings eine Inventur anlässlich des Todes von Paolo Rucellai im Jahre 1406, aus der hervorgeht, dass das Eckhaus zu der Zeit einen Keller, sieben Wohnräume und eine Art Loggia besaß[5], wahrscheinlich auf drei Etagen verteilt. Im Erdgeschoss befanden sich traditionell ein Laden, eine Werkstatt oder ein sonstiges Gewerbe, dazu die Küche mit Vorratskammern, die Latrine, die Treppen zum Keller und zu den Obergeschossen und der minimierte Hof; im Mezzanin die Kammern für das Gesinde sowie Stauräume; im ersten Obergeschoss die Wohnbereiche des Hausherrn und seiner Frau und in der obersten Etage die Räume der Kinder und eine nach Süden, zur Straße hin orientierte Loggia. Das war auskömmlich, aber nicht luxuriös. Ähnliches wird für die Nachbargebäude gegolten haben. Um die Ecke, im hinteren Bereich der Via dei Palchetti, waren die Grundstücke und Gebäude teilweise kleiner, nur vier bis sechs Meter breit und ein oder zwei Geschosse hoch, sodass hier oft bis zu zehn Personen in einem Raum hausen mussten. Die sanitären Verhältnisse waren entsprechend problematisch, die Kindersterblichkeit hoch. (Jedes dritte Kind starb, bevor es zwei Jahre alt war.[6])

Hinzu kam die Pest, die die Stadt regelmäßig heimsuchte und an der auch Paolo Rucellai 1406 mit nur 25 Jahren starb. Er hinterließ seine erst neunzehnjährige Frau Caterina (eine geborene Pandolfini) und seine vier Söhne im Alter von ein bis vier Jahren, die daraufhin ihr angestammtes Domizil verlassen mussten und bei Verwandten in der näheren Umgebung untergebracht wurden. Das Gebäude wurde vermietet. Erst in den 1420er-Jahren, vielleicht um 1423 herum, konnte die Mutter zusammen mit ihren Söhnen, jetzt 17, 18, 19 und 20 Jahre alt, wieder in das Eckhaus an der Via della Vigna Nuova zurückkehren. Etwa fünf Jahre später, 1428, kauften die vier Brüder das nördlich angrenzende Grundstück in der Via dei Palchetti hinzu, ließen es aber vermietet. Der Hauptgrund für den Erwerb war wahrscheinlich die dringend benötigte zusätzliche Hoffläche, über die dieses Grundstück eventuell verfügte, vielleicht auch ein Brunnen oder die Möglichkeit,

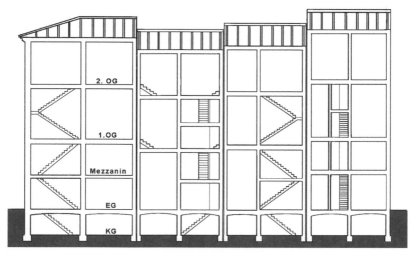

Abb. 13: Hypothetischer Schnitt durch die Vorderhäuser

ein Reitpferd unterzustellen. Hinzu kam, dass Giovanni sich zu diesem Zeitpunkt mit Jacopa Strozzi verlobte. Das war ein echter Coup, denn ihr Vater Palla Strozzi war zu diesem Zeitpunkt der reichste Patrizier von Florenz. Mehr Wohnfläche war also in jedem Fall wünschenswert, und so mietete Giovannis Mutter ein Jahr später, 1429, das rechte Nachbarhaus an der Via della Vigna, sodass die Familie mit einem Schlag ihre bewohnbare Fläche fast verdoppeln konnte und damit der

Heirat Giovannis, die 1431 erfolgte, und der Gründung einer eigenen Familie (sieben Kinder zwischen 1432 und 1448) nichts mehr im Wege stand. Allerdings lagen die Fußböden beider Häuser an der Via della Vigna Nuova sicherlich nicht auf gleicher Höhe, so dass bei der gemeinsamen Nutzung bzw. dem Übergang zwischen den Häusern Distanzstufen zu überwinden waren. Auch von der Straße aus waren die Häuser natürlich noch als einzelne Gebäude erkennbar, wahrscheinlich relativ konventionell und unspektakulär, zumindest noch ohne repräsentative Attitüde.

In den nächsten elf Jahren wohnten auch noch die drei Brüder Giovannis mit ihrem Anhang in dem Gebäudekomplex. Erst 1442 wurde der Besitz aufgeteilt und die jüngeren Brüder Paolo und Donato zogen aus, während der zweitälteste Bruder Philippo mit seiner Frau weiter im Stammhaus wohnte, die Mutter mit ihrem Hausstaat nebenan. Wer genau wo und wie gewohnt hat, entzieht sich natürlich unserer Kenntnis.

Soweit der Stand im Jahr 1429. Und dann geschah an dieser Stelle 16 Jahre lang – nichts! Jedenfalls nichts Bauliches. Ansonsten aber geschah sehr viel ...

Ein Bankier in Florenz

Schon 1423, mit 20 Jahren, war Giovanni Rucellai Mitglied der Bankiers-Gilde geworden, in der zu der Zeit bereits 72 Banken zusammengeschlossen waren. Deren überproportionales Wachstum hatte mit der speziellen Ausrichtung der Wirtschaft in Florenz zu tun. Schon früh wurde hier Wolle zu Tuch verwebt, gefärbt und von Händlern ausgeführt. Als die heimische Wollproduktion nicht mehr ausreichte, wurde allmählich ein Netz von Geschäftskontakten in ganz Europa aufgebaut, um die Rohstoffe zu beschaffen und das fertige Tuch zu vertreiben. Allerdings konnten zwischen dem Kauf der Rohwolle in England und den Verkaufserlösen aus den Endprodukten bis zu drei Jahre vergehen, in denen immer neue Kosten anfielen: für den Transport und den Schutz der Ware durch Söldner, eventuell für Lösegeldzahlungen an Piraten, außerdem natürlich für die Löhne zahlloser Arbeiter, die die Wolle sortierten, wuschen, kämmten, spannen, webten, schließlich färbten, mangelten und legten, bevor Lasttiere und Schiffe

Abb. 14: Mercato Vecchio in Florenz, Gemälde von Filippo Napolitano, um 1620

die Ware zu den Kunden schafften. Auf jedem Abschnitt lastete ein Risiko, stets brauchte es Vorschüsse und Reserven. So ersannen die Kaufleute Techniken wie etwa die Transportversicherung, den überall einlösbaren Wechselbrief, die doppelte Buchführung und das Einlagenkonto, und Florenz wurde zu einem Zentrum des Bankwesens.[7]

In diesem lukrativen, aber auch extrem riskanten Metier muss Giovanni Rucellai herausragende Fähigkeiten besessen haben, denn er war schon in den ersten acht Jahren bis zu seiner Heirat 1431 sehr erfolgreich, überstand die Bankenkrise von 1425, die einige etablierte Häuser in den Ruin trieb, ebenso wie die wegen der ständigen kriegerischen Auseinandersetzungen besonders hohe Besteuerung durch die Kommune. Das setzte einen scharfen und kühl kalkulierenden Verstand voraus, der Risiken eingehen, Chancen ergreifen, aber auch geduldig abwarten konnte, bis sich eine günstige Konstellation ergab, ergänzt durch eine gewisse kaufmännische Nüchternheit, die zum großen Leidwesen der Kunsthistoriker auch seine 1457 begonnenen Tagebuchaufzeichnungen[8] prägt, in denen er sich zwar ausführlich über die Speisenfolge einer Mahlzeit etwa am 17. Juli 1458 auslassen konnte, aber kein einziges Wort über den Architekten seines Palastes verlor.

Als Kaufmann, der zwar hervorragend mit Zahlen umgehen konnte, aber kein Latein beherrschte, hatte er auch eher wenig Zugang

Abb. 15: Lorenzo Ghiberti, Bronzerelief an der Paradiestür des Baptisteriums, Florenz

zu den Humanisten-Kreisen, die in dieser Zeit, spätestens aber seit der Ernennung Leonardo Brunis zum Kanzler der Republik Florenz, das kulturelle Leben der Stadt mehr und mehr bestimmten. Daher findet sich kaum eine Erwähnung seiner Person in den Chroniken oder Briefsammlungen der damaligen Zeit. Auch als Kunstkenner trat er nicht in Erscheinung, obwohl er im Zentrum der erstaunlichen künstlerischen Blütezeit der Frührenaissance lebte. Er war Zeitgenosse von Masaccio (1401–1428), Ghiberti (1378–1455), Donatello (1386–1466), Fra Angelico (um 1395/99–1455), Paolo Uccello (1397–1475), Luca della Robbia (1400–1481) und Fra Philippo Lippi (1406–1469), aber seine eigene Gemäldesammlung verrät einen eher konventionellen Geschmack und es findet sich auch kein Werk eines bedeutenden Meisters in ihr. Von den Architekten seiner Generation wie etwa Brunelleschi (1377–1446), Michellozzo (1396–1472), Filarete (1400–1469), Manetti (1423–1497), Rossellino (1409–1464) und Alberti (1404–

Abb. 16: Masaccio, Dreifaltigkeits-Fresco in Santa Maria Novella, Florenz

1472) erwähnt er lediglich Brunelleschi und zollt ihm den gebühren-
den Respekt, schweigt aber über alle anderen, obwohl er doch sehr
viel Energie und einen großen Teil seines Vermögens darauf verwendete, zu einem der bedeutendsten Architekturmäzene in Florenz zu

Abb. 17: Donatello, Miracolo dell' asina, Basilika del Santo, Padua

werden. Im Gegensatz zu seinem jüngsten Sohn Bernardo (nach dem sogar eine Straße in Florenz benannt wurde), war er auch – als umtriebiger Kaufmann – kein Fachmann in architektonischen Belangen, und es bleibt fraglich, ob er die künstlerische Qualität seiner Palastfassade in vollem Umfang realisiert und nachvollzogen hat. Jedenfalls lautet der einzige von ihm überlieferte Kommentar zu der Fassade, dass sie von „buono ordine e chosa misurata"[9] (von guter Ordnung und eine wohl abgemessene Angelegenheit) sei.

Interessant ist, dass sich in vielen Werken der oben erwähnten Künstler bereits das zentrale Architekturmotiv nachweisen lässt, das später auch in der Fassade des Palazzo Rucellai auftaucht und deren Einzigartigkeit begründet: eine stehende Öffnung mit einem Rundbogen als oberem Abschluss, die von einer Pilaster-Gebälk-Struktur gerahmt wird. Das Motiv war also schon länger in der florentinischen Kunst gegenwärtig und den Malern und Steinmetzen geläufig. Vielleicht war es nur eine Frage der Zeit, bis es den Sprung von einem Gemälde oder einem Marmorrelief in eine Palastfassade schaffte.

Obwohl solche stilistischen Aspekte wohl nicht im Zentrum der Überlegungen Giovannis standen, war er sich der strategischen Bedeutung seiner baulichen „Investments" durchaus bewusst. In einer Paraphrase von Ciceros *De officiis* schreibt er in seinem Tagebuch, dass der römische Konsul Gnaeus Oktavius durch den Bau seines prächtigen Palastes auf dem Palatin zu großer Ehre gelangt sei[10], und in seinem Testament von 1465 verfügte er, dass der Palast für alle Zeiten im Besitz der Familie verbleiben müsse, um den Namen Rucellai im Gedächtnis der Nachwelt zu bewahren. Dieser Wunsch nach Anerkennung,

Abb. 18: Bernardo Rossellino, Tabernakel Sant' Egidio, Florenz

Abb. 19: Philippo Brunelleschi, Pazzi-Kapelle, Santa Croce, Florenz

Abb. 20: Fassadenausschnitt Santa Maria Novella. Iohanes Oricellarius ist die lateinische Version von Giovanni Rucellai.

Nachruhm und Förderung seines Ansehens in der Stadt lag auch seinen anderen Bauprojekten zugrunde: dem Bau der Familienloggia und der Erweiterung des Platzes vor seinem Palast; der Errichtung einer Kopie des Heiligen Grabmahls von Jerusalem in der Familiengruft in San Pancratio; vor allem aber der äußert kostspieligen Vollendung der Fassade von St. Maria Novella, an der er, für die damalige Zeit ungewöhnlich und eigentlich auch ungebührlich, neben seinem Wappen auch noch seinen vollständigen Namen in großen, antiken Lettern anbringen ließ.

Dass aber seine überschüssige Energie vor allem in spektakuläre Bauprojekte floss, hing letztlich weniger von ihm selbst als von einer anderen Familie ab, die nicht nur sein gesamtes Leben entscheidend beeinflusste, sondern im 15. Jahrhundert auch die Geschicke der Stadt Florenz insgesamt dominierte: den Medici.

Der Aufstieg der Medici

Giovanni Rucellai war 17 Jahre alt, als Cosimo de Medici (zusammen mit seinem Bruder Lorenzo) die Geschäfte der Medici-Bank von seinem Vater Giovanni di Bicci de Medici übernahm, und gerade einmal

Abb. 21: Bernardo Bellotto, Piazza della Signoria, Florenz

Abb. 22: Bernardo Bellotto, Blick auf die Ponte Vecchio

26 Jahre, als dieser nach dem Tod des Vaters 1429 das offizielle Familienoberhaupt der Medici und gleichzeitig der zweitreichste Bürger von Florenz wurde. Noch vermögender war zu diesem Zeitpunkt nur Palla Strozzi, der Schwiegervater von Giovanni. Allerdings gehörte der Clan der Strozzi eher zur Gefolgschaft der Albizzi, die in den 1420er-Jahren zusammen mit anderen alten Patrizierfamilien das politische Geschehen in der Stadt dominierten – auch wenn Florenz offiziell seit Jahrhunderten eine Republik war. In den Augen dieser Oligarchie waren die Medici neureiche Emporkömmlinge, zudem aus früheren Zeiten als streitsüchtiger Familienclan schlecht beleumundet. Je mehr diese jedoch an Reichtum und Einfluss gewannen, desto gefährlicher wurden sie für die herrschenden Familien, sodass schließlich 1433 der Machtkampf offen ausbrach und zunächst mit dem Sieg der alten Führungsclique und der Verbannung Cosimo de Medicis endete. Schon ein Jahr später hatte sich jedoch das Blatt gewendet, und Cosimo konnte im Triumph nach Florenz zurückkehren und mit doppelter Gewalt gegen seine Widersacher zurückschlagen. Mehr als neunzig führende Patrizierfamilien wurden exiliert, unter anderen auch Palla Strozzi – eine schicksalhafte Wendung nicht nur für dessen unmittelbare Familie, sondern auch für seinen Schwiegersohn

Giovanni Rucellai. Dieser wurde zwar vom Gang ins Exil verschont, aber für die nächsten 25 Jahre von allen politischen Ämtern ausgeschlossen und als potenzieller Gegner unter strenge Beobachtung der Medici gestellt. Beim kleinsten Fehler oder dem geringsten Anzeichen von Illoyalität konnte ihn das gleiche Schicksal ereilen wie seinen Schwiegervater. Ein aufreibender, alles taktische Geschick erfordernder Spagat zwischen der Aufrechterhaltung der familiären Bindungen an den Strozzi-Clan und dem öffentlichen Wohlverhalten gegenüber den Medici war damit vorprogrammiert. Dass er die Geschicke seiner Bank (und seiner sonstigen Firmen) erfolgreich durch dieses schwere Fahrwasser steuern konnte und in den kommenden zwanzig Jahren trotzdem zum drittreichsten Bürger seiner Heimatstadt aufstieg, zeugt von seinem überragenden kaufmännischen Geschick und seiner taktischen Meisterschaft.

Zu Hilfe kam ihm dabei allerdings auch die treuhänderische Übernahme der Geschäfte des exilierten Schwiegervaters. Für Strozzi war die Einsetzung Giovannis als Vermögensverwalter die einzige Möglichkeit, zumindest Teile seines Reichtums und seiner vielfältigen Besitzungen in Florenz vor dem Zugriff der Medici zu schützen. Aber auch unabhängig davon eröffnete Giovanni in den nächsten zehn Jahren mit verschiedenen Partnern Filialen in Venedig, Neapel, Rom und Pisa und expandierte auch in andere Großstädte Europas. Daneben wandte er sich – da von jeder politischen Betätigung in der Gesamtstadt ausgeschlossen – vermehrt den Belangen seines direkten Quartiers Leon Rosso und seiner Bewohner zu, betätigte sich als Streitschlichter und legte damit den Grundstein dafür, dass ihm bei seiner späteren Grundstücksexpansion von Seiten der Nachbarn keine Steine in den Weg gelegt wurden.

Entscheidend wurde dann das Jahr 1444. Zum einen waren zehn Jahre – die übliche Frist für eine Begnadigung – nach der Exilierung Palla Strozzis vergangen, und sein Schwiegervater hatte sich große Hoffnungen gemacht, in seine Heimatstadt zurückkehren zu können. Aber die Medici ließen die Frist verstreichen, und damit schwand jede Aussicht auf eine spätere Rückkehr. Hatte es vorher noch die Vereinbarung zwischen Giovanni und seinem Schwiegervater gegeben, dass alle getätigten Scheinverkäufe und Vermögensübertragungen zu gleichen Konditionen rückabgewickelt würden, wurde jetzt die Verschiebung der Vermögensverhältnisse manifest und vermehrte natürlich den Reichtum Giovannis zusätzlich.

Zum anderen hatten die Medici in den vergangenen zehn Jahren ihre Macht so weitgehend konsolidiert, dass sie sich nicht länger scheuten, ihre führende Stellung auch nach außen hin zu dokumentieren.

Die Initialzündung

Pläne für einen neuen Palast der Medici hatte es schon länger gegeben. Vasari berichtet, dass zunächst Brunelleschi den Auftrag für den Entwurf erhalten und ein überaus prächtiges Projekt entwickelt hätte, dieses dann aber von Cosimo verworfen wurde, weil es zu viel Neid erregt hätte. Daraufhin soll Brunelleschi die Zeichnungen voller Wut zerrissen und das Modell zertrümmert haben.[11] Im Ganzen eine eher fragwürdige Anekdote, denn das Projekt, das dann der Hausarchitekt der Medici, Michelozzo di Bartolomeo, vorlegte, war kaum weniger geeignet, fürstliche Macht und Pracht zu demonstrieren. Es wies – und das war sicherlich beabsichtigt – eindeutige Bezüge zum Palazzo Vecchio, dem Sitz der Stadtregierung, auf: durch das Rustika-Mauerwerk im Erdgeschoss, das noch gröber und abweisender behauen war als am Palazzo Vecchio; durch das – im Gegensatz zu dem damals üblichen hölzernen Dachüberstand – steinerne und mächtig auskragende Kranzgesims, das nicht von ungefähr an den Wehrgang und den

Abb. 23: Palazzo Vecchio, Florenz   **Abb. 24:** Palazzo Medici, Florenz

Zinnenkranz des Stadtpalastes erinnerte; durch die schmalen Gurtbänder, die die drei in der Höhe abnehmenden Hauptgeschosse unter-
teilten; vor allem aber durch die Fenster, die in immer gleicher Größe,
immer übereinanderstehend und in regelmäßigen Abständen angeordnet waren, direkt auf den Gurtbändern aufsaßen und mit einem
Rundbogen nach oben abschlossen, bekrönt von einem Sturz aus stehenden Steinformaten, der in Bogenmitte höher als an den seitlichen
Rändern ausgebildet war; schließlich durch die Zweiteilung der Fenster selbst mittels einer Säule und zwei Halbsäulen in den Laibungen,
allerdings mit Rundbogen über den beiden Fensteröffnungen im Gegensatz zu der spätgotischen Fensterausbildung am Palazzo Vecchio,
die schon an der Kirche Orsanmichele und im Bargello Anwendung
gefunden hatte.

Abb. 25: Zeichnung des ursprünglichen Palazzo Medici mit zehn Achsen

Der neue Palazzo Medici war als Demonstration von Macht geplant,
und er wurde von den herrschenden Familien im damaligen Florenz auch so verstanden. Der Bau löste einen beispiellosen Bauboom
aus: „At least ten palaces that survive substantially intact, were begun
between 1445 and 1465"[12], schreibt Preyer. Und zu den ersten dieser Nachfolgeprojekte gehörte der Palast von Giovanni Rucellai, der
hier – wenn schon von allen politischen Ämtern ausgeschlossen – eine
Chance sah, seine gesellschaftliche Stellung als einer der reichsten
Männer von Florenz für die Öffentlichkeit sichtbar zu machen.

Der Prozess des Grunderwerbs

Schon ein Jahr später, 1445, erfolgte der erste Schritt: Giovanni erwarb zwei kleinere Häuser samt Grundstücken am Ende der Via dei Palchetti für einen relativ moderaten Preis. Noch günstiger konnte er im nächsten Jahr, 1446, das einzig noch fehlende Grundstück zwischen seinem alten und dem neu hinzugekauften Besitz an der Via dei Palchetti erwerben. Damit hatte er bereits die Verfügungsgewalt über das gesamte Areal, auf dem er dann seinen ursprünglichen Palast errichtete, auch wenn das nördlich an sein Grundstück angrenzende Gebäude mindestens noch ein Jahr länger, bis 1447, vermietet blieb. Zwischen 1448 und 1450 muss dann aber der Abriss aller Gebäude an der Via dei Palchetti erfolgt und Baufreiheit für ein neues Hofgebäude hergestellt worden sein. Das geht aus einer Katasternotiz von 1451 hervor.[13]

Trotz dieser erfolgreichen Akquisitionen blieb jedoch die Gesamtsituation weiterhin unbefriedigend: Das bis 1448 arrondierte Grundstück war immer noch winzig im Vergleich zum Medici-Palast.

Es ist daher unwahrscheinlich, dass Giovanni ab dem Jahr 1445, als er mit dem Erwerb der Grundstücke hinter seinem Haus begonnen

Abb. 26: Die Phasen der Grundstücksakquisition

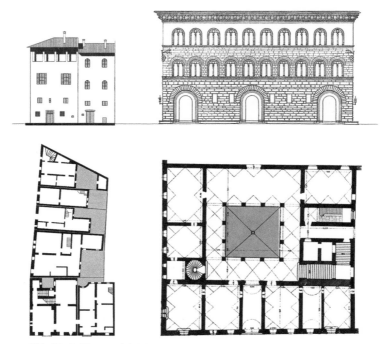

Abb. 27: Größenvergleich Rucellai- und Medici-Palast

hatte, nicht auch versucht hätte, das letzte Grundstück an der Via dei Palchetti und vor allem das große, östlich angrenzende Grundstück in der Via della Vigna Nuova in seinen Besitz zu bringen. Denn mit diesen zusätzlichen Grundstücken wäre tatsächlich eine Lösung möglich gewesen, die sich durchaus neben dem Medici-Palast hätte sehen lassen können.

Er wird also intensiv mit dem Besitzer Jacopo Antonio di Bingeri Rucellai, einem entfernten Cousin, verhandelt haben, wahrscheinlich auch viel Geld geboten oder sonstigen Druck ausgeübt haben, aber anscheinend ohne Erfolg. Laut Genealogie des Rucellai-Clans war der Besitzer Jacopantonio (geb. 1425) wesentlich jünger als Giovanni, sodass auch nicht mit einem baldigen Ableben zu rechnen war. (Als dieser Fall dann 1456 doch eintrat, war die zwangsläufig erfolgte „Kleine Lösung" bereits fertiggestellt.)

Auch der Erwerb des letzten Hauses in der Via dei Palchetti war langfristig blockiert. Ein gewisser Antonio Cimatore hatte gegen

Zahlung von 150 Florin ein lebenslanges Wohnrecht für sich und seinen Sohn erworben. Giovanni konnte zwar – nachdem er längst mit dem Bau der kleinen Lösung begonnen hatte – 1457 in den Vertrag einsteigen, musste aber bis zur endgültigen Übernahme noch weitere zehn Jahre warten, bis auch der Sohn gestorben war. Da war es für eine Integration des Grundstücks in den Palast längst zu spät.

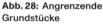
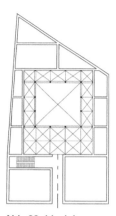

Abb. 28: Angrenzende Grundstücke

Abb. 29: Idealplanung auf erweitertem Grundstück

Die optimale Variante, der Erwerb eines ausreichend großen, freien Grundstücks an einer anderen Stelle im Quartier, war anscheinend ebenfalls unmöglich, weil in der extrem dicht bebauten Innenstadt von Florenz ein solches Grundstück schlichtweg nicht zur Verfügung stand (außer man besaß die finanzielle und politische Macht eines Cosimo de Medici). So waren die meisten Paläste, die in dieser Zeit neu entstanden, Um- oder Ausbauten schon vorhandener Familiensitze.

Auch Giovanni Rucellai hatte also nur zwei Optionen: die Aussichtslosigkeit einer kurzfristig möglichen Erweiterung zu akzeptieren und ein Konzept für einen Palast auf dem ihm tatsächlich zur Verfügung stehenden, relativ kleinen Grundstück mit all seinen Restriktionen zu entwickeln – oder das Projekt aufzugeben. Der relativ lange Zeitraum von drei bis vier Jahren zwischen dem Erwerb des letzten Hauses in der Via dei Palchetti 1446 und dem Start der Bauarbeiten spätestens 1450 deutet darauf hin, dass er sich den Entschluss nicht leicht gemacht und vielleicht immer noch gehofft hatte, dass sich das Blatt durch irgendeinen glücklichen Zufall wenden würde. Gleichzeitig muss er in dieser Zeit – vielleicht schon in Zusammenarbeit mit einem Architekten – überlegt haben, ob auf dem vorhandenen, stark eingeschränkten Grundstück überhaupt eine akzeptable Lösung für einen repräsentativen „Palast" möglich war.

Das Bauprogramm

Die Mindestanforderungen an einen solchen Palast standen ja nach der Setzung des Musters durch den Medici-Palast bereits fest: Der Neubau musste einen zentralen, von Säulen umstandenen Innenhof haben; er musste über einen oder mehrere festliche Säle verfügen; und er musste eine repräsentative Fassade besitzen.[4] Hinzu kam, dass im Zusammenhang mit dem Umbau natürlich auch die bisher schon vorhandenen Nutzungen optimiert werden sollten. Das waren zum einen die Geschäftsräume der Rucellai-Bank, also das Kontor für den Bankier und seine Kunden, eine Schreibstube für den Buchhalter und zwei bis drei Schreiber, ein Nebenraum für Lehrjungen und Laufburschen und schließlich, besonders gesichert, das Archiv, also der Bereich, in dem die für das Bank- und Handelshaus existentiell wichtigen

Abb. 30: Pieter Cornelisz van Rijck, Küchenszene, zwischen 1610 und 1620

Unterlagen über Kredite, Verbindlichkeiten, Warenbestände, Handelsbeziehungen etc. aufbewahrt wurden, sowie eine Art Tresor für Wertgegenstände und Bargeld. Das waren zum anderen die Wohnräume für insgesamt zehn Familienmitglieder, also Aufenthaltsräume, Speisezimmer, das Schlafzimmer des Hausherrn, das Zimmer seiner Frau Jacopa, Kinderzimmer für sieben Kinder, außerdem die Aufenthalts-, Ankleide- und Schlafräume der Mutter. Hinzu kamen die notwendigen Nebenräume wie Küche, Lager für Lebensmittel, Wein, Brennholz; Abstellräume, Aborte, Badestuben, ein Brunnen für Frischwasser, der Pferdestall; aber auch die Schlafgelegenheiten für das Personal, also Diener, Zofen, Mägde, Kindermädchen, Köchin, Knechte, Stallburschen etc. – alles in allem, zusammen mit den Angestellten der Bank, vielleicht 25 Personen. Schließlich die notwendigen Verkehrsflächen, das Treppenhaus und die Flure, letztere allerdings minimiert, weil die meisten Zimmer als Durchgangsräume angelegt waren.

Abb. 31: Innenhof Palazzo Rucellai

II
Ideal und Wirklichkeit:
Der Kampf mit dem Bestand

Der Innenhof

Größere Geschäftsräume, mehr Komfort für die Familie und zwei neue, repräsentative Säle an der Straße: Das waren die Anforderungen, die der neue Palast in jedem Fall erfüllen sollte. Aber wie sollte ein solches Programm auf einem Grundstück untergebracht werden, das weniger als halb so groß war wie der Medici-Palast?

Viel hing davon ab, wie viel nutzbare Grundfläche allein schon durch den neu zu schaffenden Innenhof verloren ging – denn dessen Fläche fehlte ja nicht nur im Erdgeschoss, sondern in allen Etagen. Im Medici-Palast betrug die Größe des Hofes über 130 qm (11,50 × 11,50 m), aber eine solche Fläche würde bereits mehr als ein Fünftel des Rucellai-Grundstücks belegen (132,25 qm von ca. 590 qm Grundstücksgröße insgesamt). Reichte also nicht auch die halbe Größe mit etwa 8,00 m Seitenlänge, um eine vernünftige Belichtung der rückwärtigen Räume und eine zumindest minimale repräsentative Funktion zu gewährleisten? Immerhin hätte dies der Breite des heutigen Hofes entsprochen, an die sich die Besucher doch auch gewöhnt haben.

Aber eine solche Minimallösung war anscheinend für die Rucellai-Familie nicht vorstellbar, auch wenn dies an anderer Stelle der Grundrissplanung zu erheblichen Schwierigkeiten führte: Der zukünftige Hof des Palazzo sollte trotz der Enge des Grundstücks faktisch die gleiche Größe (tatsächlich ca. 11,00 × 11,00 m) haben wie der Hof des Medici-Palasts! Und die gleiche – nur durch den schrägen Grundstückszuschnitt etwas verzogene – Form.

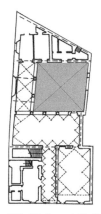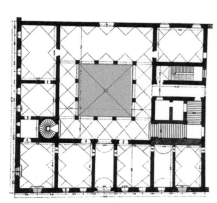

Abb. 32: Innenhöfe Rucellai- (links) und Medici-Palast (rechts) in gleichem Maßstab

In allen Veröffentlichungen zum Rucellai-Palast wird immer der Plan des *heutigen* Palastes (oder der Planstand von 1846) mit den zwei nach Norden führenden, den rechteckigen Hof begrenzenden Gangflügeln abgebildet. Aber der Plan gibt nicht den Stand zum Zeitpunkt der Erbauung wieder. Der ursprüngliche Hof hatte nur einen Gangflügel an der westlichen Seite zur Via dei Palchetti.

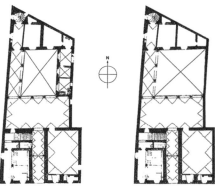
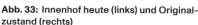

Abb. 33: Innenhof heute (links) und Originalzustand (rechts)

Abb. 34: Palazzo Bartolini,
Florenz

Belegt wird dies durch die Tatsache, dass die Säulenreihe der südlichen Hofbegrenzung bis zur östlichen Grundstücksgrenze weiterläuft, sodass die heutige massive Hofwand des Ostflügels unvermittelt gegen die dort noch vorhandene Säule stößt. Auch das Gurtband auf der Südseite oberhalb der Rundbögen setzt sich im Inneren des Ostflügels über eine gewisse Strecke hinweg fort. Es hat diesen Flügel also zur Bauzeit noch gar nicht gegeben, und auch in der Inventarisierung des Palastes von 1542, also ein knappes Jahrhundert später, wird in diesem Bereich keine Nutzung erwähnt. Allerdings sprach Giovanni 1462, als der Bau schon längst abgeschlossen war, in seinem Tagebuch von einem „verone", also einer Art Balkon, und Brenda Preyer schließt daraus, dass es zum Zeitpunkt der Hofbebauung eine Art auskragenden Laufgang gegeben habe, wie er sich tatsächlich in einigen gleichzeitig erbauten Palästen, etwa dem Palazzo Bartolini, findet.

Aber auch diese Version kann nicht der ursprünglich gebaute Zustand gewesen sein, denn ein solcher Laubengang ohne eigene Stützen wäre statisch nur möglich gewesen, wenn die tragenden Balken aus den Decken der dahinterliegenden Räume ausgekragt wären (oder die halbierten Gewölbe dort ein Gegenlager besessen hätten). Zum Zeitpunkt der Erbauung (1451) gab es aber noch keine solchen Räume, denn das Nachbargebäude war ja noch nicht in Giovannis Besitz. Außerdem machte der Bau eines Laubenganges an dieser Stelle nur Sinn, wenn von ihm aus auch Räume erschlossen worden wären (wie es ja, als dann das Nachbargebäude 1458 hinzukam, auch der Fall war). Vorher, auf dem 1451 zur Verfügung stehenden Grundstück, reichte ein einziger Verbindungsgang zum hinteren Wirtschaftsbereich völlig aus.

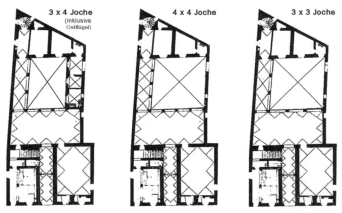

Abb. 35: Aktueller Zustand (links) und mögliche Alternativen (Mitte und rechts)

Durch den Vergleich mit dem Medici-Palast lässt sich auch ein weiteres Rätsel klären, das merkwürdigerweise in der gesamten Literatur zum Rucellai-Palast noch keine Rolle gespielt hat: der unterschiedliche Achsabstand der Säulen. Im heutigen Zustand ist der Hof südlich und westlich von der gleichen Anzahl von Säulen begrenzt (jeweils vier), obwohl er rechteckig ist. Daher müssen die Säulen unterschiedlich weit auseinander stehen, was dazu führt, dass zwar die Bögen über den enger stehenden Säulen der Südseite annähernd halbkreisförmig sind, über den Säulen der Westseite aber – bei gleicher Stichhöhe – in die Länge gezogen werden. Eine Irregularität, die problemlos hätte vermieden werden können, wenn auf der westlichen Seite eine zusätzliche Säule eingefügt worden wäre – die Achsabstände hätten jedenfalls gepasst. (Wie das bei einem quadratischen Hof ja zwangsläufig der Fall ist.) Auch bei der damals tatsächlich vorhande-

nen Hofgröße mit einseitigem Hofgang wäre das Erscheinungsbild
vorbildlich und einheitlich gewesen. Aber der Bauherr und sein Architekt haben sich anders entschieden: Das Vorbild oder Muster des
Medici-Hofes mit drei Jochen und zwei mittleren Säulen setzte sich
durch – allerdings nur an der Westseite. Für die Südseite hätte das bedeutet, dass eine dieser Säulen exakt in der Mittelachse des Zugangs
gestanden hätte. Ein Besucher wäre also direkt auf sie zugelaufen,
was ebenfalls eine schwerwiegende Irregularität gewesen wäre. (Beim
Medici-Palast ist natürlich die Öffnungsbreite des Eingangskorridors
und die mittlere Säulenstellung des Hofes aufeinander abgestimmt.)
Aber im Palazzo Rucellai stand die Lage des Zugangs fest, wenn man
die bestehende Brandwand nicht antasten und außerdem eine mittige
Anordnung der Eingangstür in der fünffachsigen Fassade gewährleisten wollte. So wurde an diesem Punkt die Abweichung vom Medici-

Abb. 36: Innenhof
Rucellai-Palast

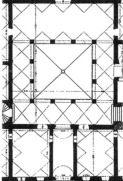

Abb. 37: Koordination
von Zugang und Säulenstellung des Innenhofs
im Medicipalast

Hof in Kauf genommen, die Größe und die quadratische Form aber beibehalten (bis auf die Tatsache, dass eben der Hof des Rucellai-Palastes kein Quadrat, sondern ein Rhombus ist – eine weitere, dem Verlauf der Grundstücksgrenzen geschuldete Abweichung).

Die Säle

Was ebenfalls bei der Betrachtung der schließlich ausgeführten Lösung sofort ins Auge fällt, ist die merkwürdig nach hinten, zum nördlichen Grundstücksende verschobene Lage des Innenhofs. Anstatt – wie beim Palazzo Medici – das Zentrum des Hauses zu bilden, wird er in den hinteren Grundstücksbereich abgedrängt. Damit einher geht eine extreme Tiefe der vorderen Bebauung: 21 Meter müssen im Erdgeschoss quasi im Dunkeln zurückgelegt werden, bevor tatsächlich der Innenhof erreicht wird, und auch in den Obergeschossen bleibt eine mittlere Zone von mindestens sieben Metern zwischen Straßen- und Hoffassade unbelichtet. Die realisierte Gebäudetiefe übertrifft sogar noch die des viel größeren Medici-Palastes um vier Meter. Warum aber wurde der Hof nicht im Zentrum des Grundstücks, im Anschluss an die vorhandene Vorderhausbebauung, angeordnet?

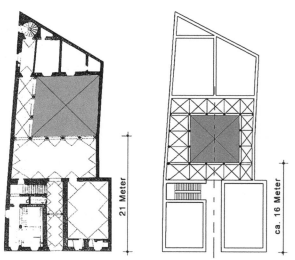

Abb. 38: Lage des tatsächlich gebauten Innenhofs (links) und zentrierte Variante

Die Antwort hängt unmittelbar mit der zweiten, zwingend zu erfüllenden Anforderung an einen neuen Palast zusammen: Er musste über ein bis zwei repräsentative Säle verfügen, die unmittelbar an der Straße liegen und dort wegen ihrer Größe zwangsläufig die gesamte vorhandene Gebäudetiefe einnehmen mussten. Hätte man den Hof tatsächlich in die Mitte des Grundstücks gelegt, hätte der überwiegende Teil der dann durch die Säle verdrängten Wohnnutzung auf das neu entstandene Hinterhaus ausweichen müssen.

Von der Größe her wäre das problemlos möglich gewesen, aber funktional wären die vorderen Säle von einer Mitbenutzung durch die „privaten" Wohnnutzungen abgeschnitten und nur durch den Gang entlang des Hofes mit diesen verbunden gewesen. Während im mehr als doppelt so breiten Medici-Palast ein problemloser Zusammenhang zwischen „öffentlichen" und „privaten" Nutzungen möglich war, weil von den umlaufenden Gängen auch in den Seitenflügeln noch Wohnräume erschlossen werden konnten, wären die „Seitenflügel" des Rucellai-Palastes durch den extrem schmalen Grundstückszuschnitt auf die reine Erschließungs- oder Brückenfunktion reduziert und die gesamte private Nutzung ins Hinterhaus verbannt worden. Das war offensichtlich nicht gewollt oder in den Augen der Familie schlichtweg dysfunktional. So blieb nichts anderes übrig, als die von der Straßenseite verdrängten Wohnräume in ähnlicher Größe und nutzbarer Tiefe direkt auf der Rückseite der Säle anzufügen, die daraus resultierende extreme Gebäudetiefe in Kauf zu nehmen und den Innenhof selbst aus der Mitte des Grundstücks weit in den Norden zu verschieben.

Trotzdem war mit dieser Entscheidung das Problem der Säle noch nicht gelöst. Die im gesamten ersten Obergeschoss zur Verfügung stehenden reinen Nutzflächen (Grundflächen abzüglich Mauerstärken) betrugen für das Eckhaus ca. 100 qm und für das Nachbarhaus ca. 75 qm, beide Bereiche getrennt durch eine 70 cm starke Brandwand. Innerhalb der 100 qm des Eckhauses lagen zudem noch das Treppenhaus und der Lichtschacht oder Hof, sodass dort ebenfalls nur ca. 80 qm zur Verfügung standen. Beide Flächen waren also jeweils für einen repräsentativen Saal nicht groß genug. Wollte man dennoch die Brandwand zwischen den beiden Räumen erhalten, blieb für eine substantielle Vergrößerung nur eine Erweiterung auf der Nordseite um mindestens fünf Meter. Dort aber blockierte der Versprung des rechten Nachbargrundstücks die Ausdehnung, da es um 2,30 m in das Grundstück von Giovanni hineinragte.

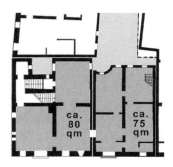

Abb. 39: Größe der
Grundflächen der alten
Häuser

Um einen ausreichend großen, repräsentativen Saal an der Straßenseite herstellen zu können, war also das Einreißen der Brandwand
zwischen den Häusern unvermeidlich – obwohl diese Maßnahme für
den gesamten Umbauprozess extreme Konsequenzen hatte: Sie erforderte den fast vollständigen Abriss der straßenseitigen Bebauung!
Denn die Brandwand hatte ja – neben ihrer raumabschließenden
Funktion – auch eine eminent wichtige statische Aufgabe, da sie das

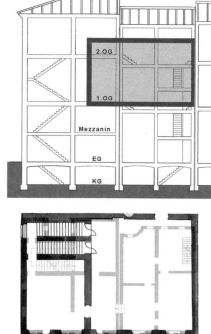

Abb. 40: Schnitt durch die alten
Vorderhäuser mit neuem Saal
sowie Grundriss 1. OG alt-neu

Auflager für die parallel zur Straße gespannten Deckenbalken bildete. Wurde diese Wand eingerissen, stürzten auch die Decken ein und zwar in allen Geschossen darüber! Auch lagen die Fußböden der vorher getrennten Häuser ja nicht auf gleicher Höhe, sodass bei einer hausübergreifenden Zusammenlegung zwangsläufig neue Decken erforderlich wurden, um eine durchgehende Fußbodenhöhe der neuen Säle zu gewährleisten. Schon in dieser Phase der Planung zeichnete sich also immer deutlicher ab, dass nicht nur alle alten Gebäude im hinteren Grundstücksbereich, sondern auch die gesamte Bebauung an der Straße abgerissen werden musste.

Andererseits bot der komplette Abriss der Vorderhäuser erstaunliche Möglichkeiten der Grundrissoptimierung und der Herstellung wirklich großer und repräsentativer Säle, die denen des Medici-Palastes durchaus vergleichbar gewesen wären. Realisierbar wäre pro Etage ein fast 150 qm großer Saal mit fünf Fensterachsen zur Straße gewesen, 9 m tief (also gut belichtet) und 16 m lang, durch ein repräsentatives Treppenhaus erschlossen und über das Hauptpodest direkt mit den privaten Wohnräumen verbunden. Außerdem hätte man im Erdgeschoss den Zugang zum Hof, den sogenannten *Androne*, tatsächlich mittig zur Straßenfassade und zum Innenhof anlegen können

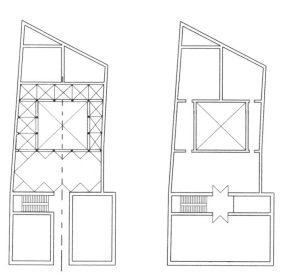

Abb. 41: Mögliche Idealgrundrisse Erdgeschoss und 1. OG bei Komplettabriss

(während in der Realität der Türanschlag auf der rechten Seite bereits im Mauerwerk verschwindet).

Diese Planung, so es sie denn gegeben hat, ist aber nicht weiterverfolgt worden, wahrscheinlich aus ganz profanen oder pragmatischen Gründen. Denn wie sollte ein für diese Lösung erforderlicher Totalabriss funktionieren? Wo sollte die Familie in der Zwischenzeit wohnen? Zwar besaß Giovanni die ererbte Landvilla in Quaracchi, 20–30 km von Florenz entfernt, aber in keiner Quelle (auch nicht in den Aufzeichnungen Giovannis selbst) findet sich der geringste Hinweis, dass die Familie Florenz während der mehrjährigen Umbauphase verlassen hätte. Wahrscheinlich war das für Giovanni aus beruflichen

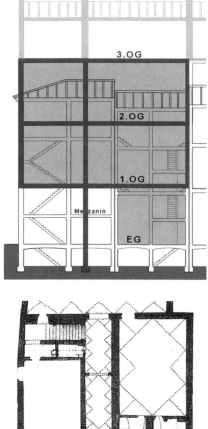

Abb. 42: Gesamtschnitt alt-neu mit Grundriss EG nach Umbau

Gründen auch gar nicht möglich, da er mit seiner Bank und seinen sonstigen geschäftlichen Aktivitäten in Florenz präsent sein musste. (Möglich – und auch wahrscheinlich – ist es natürlich, dass seine Familie öfters auf den Landsitz auswich, wenn es auf der Baustelle zu laut, zu eng oder zu staubig wurde.)

Es musste also ein Konzept entwickelt werden, das separate Abschnitte und Phasen festlegte, in denen der Aufenthalt während der Bauzeit weiterhin möglich war und auch der Geschäftsbetrieb aufrechterhalten werden konnte. Demnach würde in der ersten Phase die komplette Hofbebauung errichtet werden, während das Leben in den Vorderhäusern ungehindert weiterging. Nach Fertigstellung der Hofbebauung konnte dann der Umzug in die neuen Räumlichkeiten erfolgen und anschließend mit dem Teilabriss der freigezogenen Vorderhäuser begonnen werden. Gleichzeitig musste das Erdgeschoss des alten Eckhauses, in dem sich die Räume der Rucellai-Bank befanden, fast während der gesamten Bauzeit weiter genutzt werden. Und tatsächlich wurde dort die Brandwand nicht angetastet, sondern nur durch eine zweite Wand ergänzt, die den neuen Gang zum Hof begrenzte und in den darüberliegenden Geschossen bis zum dritten Obergeschoss die neuen Saaldecken trug.

Die Erschließung

Dass der Geschäftsbetrieb eines der größten Handelshäuser der Stadt während der Umbauphase so weit wie möglich aufrechterhalten werden sollte, auch wenn die Räumlichkeiten zwischenzeitlich durch den Einbau der Gangwand verkleinert wurden, lässt sich leicht nachvollziehen. Ein weiterer, entscheidender Grund für das Ausklammern dieses Bereiches aus dem Komplettabriss des Vorderhauses war aber anscheinend der Wunsch, auch das bestehende Treppenhaus und dessen Lage weitgehend beizubehalten. Denn wenn es möglich war, die vorhandene Erschließung – mit ein paar Provisorien und Distanzstufen – fast bis zum Ende der Umbauphase weiter zu nutzen, konnte man ein zusätzliches Treppenhaus im Bereich der neuen Hofbebauung einsparen! Dieses wäre ja zwingend erforderlich gewesen, um dort die einzelnen Etagen zu erschließen, wenn mit dem Vorderhaus gleichzeitig auch das alte Treppenhaus abgerissen worden wäre.

Ein solches, zusätzliches Treppenhaus wäre aber nur schwer in den Grundriss der neuen Hofbebauung zu integrieren gewesen und hätte zudem die Großzügigkeit der gerade erst geschaffenen Räumlichkeiten gleich wieder nachhaltig beeinträchtigt. Nur so ist zu erklären, dass für den gesamten neuen Palast weiterhin nur ein einziges Treppenhaus vorgesehen wurde (von einer Nebentreppe für Dienstboten am Grundstücksende abgesehen) und dass dieses an der gleichen Stelle lag, an der sich auch die alte Erschließung des Eckhauses befunden haben muss.

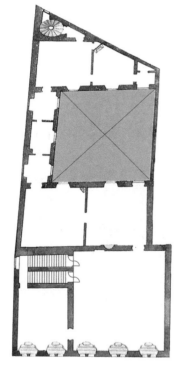

Abb. 43: Grundriss 1. OG nach Umbau

Der einzige Anhaltspunkt für die Lage des alten Treppenhauses findet sich im Kellergrundriss von 1968, in dem direkt neben dem nicht unterkellerten Bereich eine Kellertreppe eingezeichnet ist. Hält man an der Hypothese fest, dass dieser nicht unterkellerte Bereich die Lage eines über alle Geschosse durchgehenden Lichtschachtes markiert, muss sich das alte Treppenhaus in dem schattierten Bereich befunden und in den Obergeschossen aus zwei annähernd gleichen

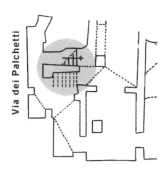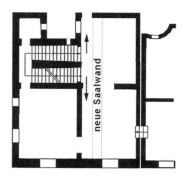

Abb. 44: Vermutliche Lage und Anordnung des ursprünglichen Treppenhauses

Treppenläufen bestanden haben, um mit dem Zwischenpodest auf halber Höhe benutzbare Deckenhöhen für ein wahrscheinlich vorhandenes Mezzanin zu gewährleisten.

Außerdem müssen die Läufe – unabhängig von der im Mittelalter schon aus Platzgründen angestrebten Minimierung – sehr steil gewesen sein (16 Steigungen mit einem Steigungsverhältnis von 20,3/26 cm), da auch nach Einbau der neuen Saalwände noch ausreichend Platz für ein minimales Podest vorhanden gewesen sein muss, das den Übergang in die bereits vorhandene Hofbebauung und den Weiterbetrieb des Eckhauses während des Neubaus der Säle ermöglichte. Diese steile und unbequeme Holztreppe muss in der letzten Umbauphase Stück für Stück durch ein neues, bequemeres Treppenhaus mit einem günstigeren Steigungsverhältnis ersetzt worden sein. Seine Lage und Abmessung geht aus den Modalitäten einer Teilungsvereinbarung der Urenkel Giovannis von 1531 eindeutig hervor. (Leider hat sich in der entsprechenden Zeichnung von Brenda Preyer[15] ein kleiner Fehler eingeschlichen: Die Auftrittsbreite der Stufen beträgt

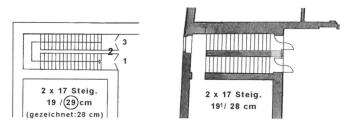

Abb. 45: Treppenangaben bei Preyer (links), korrekt gezeichnete Treppenläufe (rechts)

zeichnerisch lediglich 28 und nicht, wie angegeben, 29 cm. Korrekt gezeichnet, würde die letzte Stufe direkt an der Saalwand enden. Das richtige Steigungsmaß für die in der Teilungsvereinbarung beschriebene Lösung mit der zusätzlichen Öffnung zum nächsten Treppenlauf betrug also 19/28 cm.)

Umso erstaunlicher ist es, dass auch dieses erneuerte Treppenhaus eine Notlösung war und blieb. Denn die einzige Möglichkeit, die neuen Wohn- und Servicebereiche der Hofbebauung zu erreichen, führte durch die neuen Säle, die gesamte hintere Bebauung war ‚gefangen', ohne eigene Erschließung. Nicht nur die Familienmitglieder, sondern auch jede Dienstmagd, jede Zofe, jede Köchin, die etwa vom jenseits des Hofs gelegenen Servicebereich im ersten Obergeschoss zu den Wohn-, Schlaf- oder Kinderzimmern im zweiten oder dritten Obergeschoss gelangen wollte, musste zunächst den großen Saal durchqueren, um das Treppenhaus zu erreichen. Dadurch wurde dieser zu einem Durchgangsraum mit ständigem Kommen und Gehen.

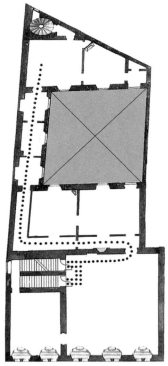

Abb. 46: Großer Saal als Durchgangsraum

Und wenn dort eine geschlossene Veranstaltung stattfand, blockierte diese den Zugang zu den hinteren Bereichen.

Das war aber nicht der einzige Nachteil. Aufgrund der beengten Lage im hinteren Bereich des Altbaus und der räumlichen Einschränkung durch die neuen Saalwände reichte die Länge auch des umgebauten Treppenhauses lediglich für die Läufe und das Zwischenpodest: Das Hauptpodest, der Austritt in die jeweilige Etage, lag zum größten Teil in den Sälen selbst. Auch wer also gar nicht in die hinteren Wohnbereiche wollte, sondern nur vom Erdgeschoss etwa ins dritte Obergeschoss, musste zunächst den Saal betreten und ihn dann durch eine weitere Tür wieder verlassen, um seinen Aufstieg fortsetzen zu können – und das in jeder Etage. Das machte die Säle endgültig zu Durchgangsbereichen und hatte sicherlich auch erheblichen Einfluss auf ihren Charakter und ihre Nutzung.

Solange der Gesamtkomplex gemeinsam von einer Familie samt Anhang genutzt wurde, war das anscheinend tolerabel oder wurde bei

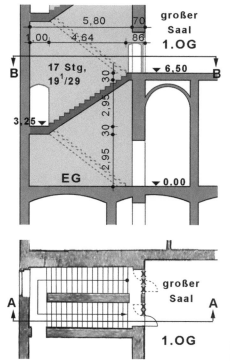

Abb. 47: Grundriss und Schnitt von 1531

der Planung nicht als Nachteil angesehen. Zum Problem wurde das nicht abgeschlossene Treppenhaus erst, als 80 Jahre später, 1531, dieser Teil des Palastes zwischen zwei Enkeln des ältesten Sohnes von Giovanni aufgeteilt wurde und sichergestellt werden musste, dass die jeweiligen Familienmitglieder ihre Wohnbereiche erreichen konnten, ohne die Räume der anderen Familie zu betreten. Dazu musste in der Trennwand zwischen den beiden Treppenläufen unmittelbar vor der Tür zum Saal ein Durchschlupf geschaffen werden, der die ungehinderte Zirkulation von unten nach oben und vice versa gewährleistete. Weiterhin musste dazu der Standflügel der ersten Zugangstür in den Saal blockiert und die zweite Tür aus dem Saal heraus ins nächste Geschoss in Gänze geschlossen werden.[16]

All diese Unzulänglichkeiten stützen die Vermutung, dass das alte Treppenhaus nicht komplett abgerissen, sondern im laufenden Umbauprozess immer wieder an die neuen Bedingungen angepasst und überformt wurde. Denn bei einem konsequenten Abriss und Neubau hätte es an gleicher Stelle auch eine Lösung mit einem sehr bequemen Steigungsverhältnis gegeben, die alle beschriebenen Nachteile vermieden, einen Mezzanin-Zugang auf halber Höhe gewährleistet und auch noch einen direkten Zugang zur Hofbebauung ermöglicht hätte.

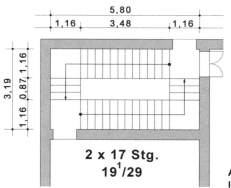

Abb. 48: Potenzielles Idealtreppenhaus

Dass eine solche Lösung – vermutlich aus Rücksicht auf den Bestand oder aufgrund von Zwängen im Bauablauf – nicht realisiert wurde, machte dann allerdings im Laufe der nächsten Jahrhunderte immer neue Korrekturen erforderlich – bis hin zur kompletten Verlegung des Treppenhauses an die heutige Stelle.

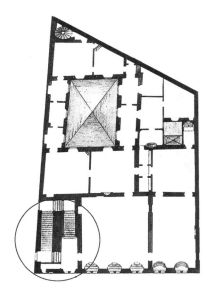

Abb. 49: Aktuelle Lage des
Treppenhauses

Die Planung des Bauablaufs

Zum Zeitpunkt der Planung hatte aber die Entscheidung, es bei einem einzigen Treppenhaus zu belassen (und noch dazu in so beengter Lage, dass dessen Hauptpodeste bereits in den Sälen selbst liegen mussten), noch eine dritte Konsequenz: Das Treppenhaus konnte erst endgültig fertiggestellt werden, nachdem der gesamte Vorderhausbereich mit den neuen Sälen bereits errichtet war, da es ja die neuen Saaldecken mit den geänderten Höhen als Austrittspodeste benötigte. Vorher musste mit dem alten Treppenhaus und verschiedenen Provisorien gelebt werden: A. Es wurden – wo immer erforderlich – Distanzstufen im Übergang zur neuen Hofbebauung eingefügt; B. Es wurde lediglich die Treppe bis ins erste Obergeschoss ertüchtigt, (weil die hohe Geschossdecke des neuen zweiten Obergeschosses durch zusätzliche Stufen nur noch schwer zu erreichen gewesen wäre), vom ersten Obergeschoss aus dann ein Übergang in den neuen Wohnbereich geschaffen und dort mit einer provisorischen Holztreppe und einer vorübergehenden Aussparung in der Holzbalkendecke das zweite Obergeschoss erschlossen. Oder C. Es wurde von vornherein die Geschosshöhe des alten Erdgeschosses auch für den zukünftigen Neubau als gegeben festgelegt und daher in diesem Bereich nicht nur die Brandwand,

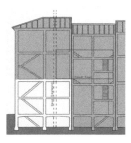

Abb. 50: Aussparung Eckbereich im Erdgeschoss

sondern auch die Decke über den Geschäftsräumen vom Abriss verschont, sodass die alte Treppe bis ins erste Obergeschoss zunächst in Gänze erhalten bleiben konnte und erst ganz zum Schluss der Umbauphase noch einmal angepasst werden musste. Diese dritte Variante – dass also auch die alte Deckenhöhe des Erdgeschosses im Bereich des Eckhauses erhalten blieb und anschließend für den gesamten Neubau übernommen wurde –, wird noch durch einen anderen Aspekt erhärtet, der von entscheidender Bedeutung für die Planung der Fassade war und daher ausführlich im nächsten Kapitel erörtert wird.

Alte Bebauung
Neubau
Bestand

Abb. 51: Alte Bebauung,
Neubau und Bestand im 1. OG

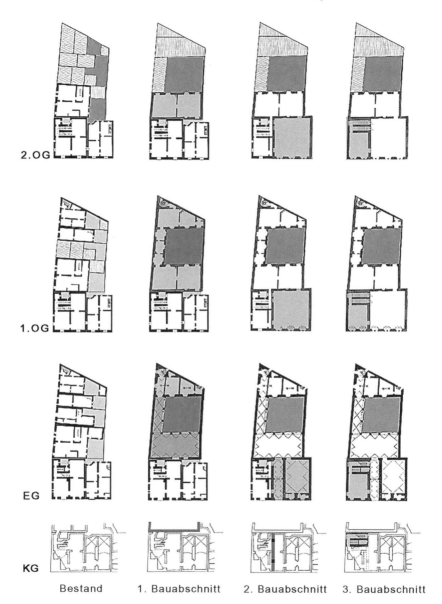

2.OG

1.OG

EG

KG

Bestand   1. Bauabschnitt   2. Bauabschnitt   3. Bauabschnitt

Abb. 52: Bestand und Bauabschnitte in allen Geschossen

Abb. 53: Die einzelnen Bauphasen im Modell

Insgesamt lässt sich damit der geplante Bauablauf folgendermaßen zusammenfassen: Das bestehende Treppenhaus wurde nicht nur während des gesamten ersten Bauabschnitts (Errichtung der Hofgebäude) zur Erschließung der Vorderhäuser weitergenutzt, sondern diente nach dem Umzug auch zur provisorischen Erschließung der neu errichteten Bereiche. Es wurde sogar noch weiter benutzt, als im zweiten Bauabschnitt der größte Teil der Vorderhäuser eingerissen und die neuen Saalwände hochgezogen wurden, um die drei übereinanderliegenden Säle einbauen zu können – denn ein anderes war ja nicht vorhanden. Erst nachdem dies geschehen war (und damit auch die neuen Austritte für die endgültige Treppe vorhanden waren), konnte – vielleicht verbunden mit einem drei- bis viermonatigen Auszug der Familie nach Quaracchi – das alte Holztreppenhaus mit den steilen Treppen endgültig abgerissen und durch bequemere Treppenläufe ersetzt werden (und zusätzlich auch die Geschäftsräume der Bank mit dem Mezzaningeschoss renoviert oder teilweise umgebaut werden).

Diese – hypothetische – Rekonstruktion des Bauablaufs zeigt sehr anschaulich den Unterschied zwischen einer Neubauplanung ohne störende Einschränkungen und Zwänge (Medici) und dem wesentlich häufigeren „Bauen im Bestand" (Rucellai): Hier die Setzung eines idealen Musters, das für die Paläste der Folgezeit kanonisch wurde, dort die schwierige Anpassung des Musters an eine vorgegebene und von vielen räumlichen, funktionalen und auch organisatorischen Zwängen geprägte Bestandsituation.

Ein künstlerisch geschulter Architekt war für diesen Teil des Planungsprozesses nicht unbedingt erforderlich: Das Muster stand fest und alle Anpassungen oder Abweichungen erfolgten eher aus pragmatischen Gründen oder aus Einschränkungen durch das zur Verfügung stehende Areal. Für den trotzdem erforderlichen fachlichen Rat waren die Kenntnisse eines – sicherlich besonders befähigten – Steinmetzmeisters der damaligen Zeit durchaus ausreichend.

Das war bei der berühmten Fassade des Palastes ganz anders: Dort handelt es sich ohne Zweifel um das Werk eines äußerst kreativen Architekten.

Abb. 54: Sitzbank mit Spaliera

III
Tradition und Moderne:
Eine Fassade „Al Modo
Antico"

Die Macht des Vorbilds

Zu den befremdlichsten Aspekten der Literatur über den Palazzo Rucellai gehört die dort ständig wiederholte These (die für die Entstehungszeit und die Autorenschaft allerdings eine zentrale Rolle spielt), dass der Innenausbau des Palazzo bereits abgeschlossen gewesen sei, bevor überhaupt die Planung der Fassade begonnen hätte. „By 1452 he (Giovanni Rucellai) had reconstituted six houses into respectable living quarters. A grand facade was, however, not build or even planned in conjunction with the interior"[17], so Brenda Preyer, und auch Charles Randall Mack schreibt, nachdem er über die Fertigstellung

Abb. 55: Der ursprüngliche Medici-Palast mit offener Eckloggia (retuschiertes Foto)

des gesamten Umbaus berichtet hat: „In all likelihood, however, work had not been started on the exterior of the Rucellai Palace nor had the facade been designed."[18] Ist es tatsächlich denkbar, dass ein Bauherr den Neubau eines so bedeutenden Gebäudes in Angriff nehmen würde, ohne eine Vorstellung von dessen zukünftigem Erscheinungsbild zu haben, ohne eine zumindest verschwommene Idee, wie sich der neue Familiensitz im öffentlichen Raum präsentieren sollte? War nicht die Vision einer standesgemäßen Residenz sogar die eigentlich treibende Motivation hinter der aufwendigen und langjährigen Umbaumaßnahme, nachdem die Medici mit ihrem Palastprojekt neue Maßstäbe gesetzt hatten und viele Standesgenossen sich anschickten, diesem Vorbild nachzueifern?

Der Mangel an Wohnraum kann jedenfalls – wie schon berichtet – nicht der Grund gewesen sein: Achtzehn Jahre lang hatte Giovanni nicht einmal den Mietern seines nördlich angrenzenden Hauses gekündigt, um mehr Wohnfläche zu erhalten. Und an seinen familiären Verhältnissen hatte sich in den letzten Jahren vor Baubeginn auch nichts Grundsätzliches geändert. Es ging also nicht um Nutzung oder Komfort, sondern um Repräsentation! Es war die exzeptionelle Architektur des Medici-Palastes, welche die Fantasie all jener beflügelte, die sich ebenfalls mit dem Gedanken an den Bau eines neuen Palastes trugen. (Man weiß zwar nicht, wann genau der Medici-Palast fertiggestellt war und ob die Fassade bis 1450 schon besichtigt werden konnte, aber es gab mit Sicherheit ein „Modello", ein detailliert ausgearbeitetes Holzmodell, das in der Florentiner Führungsschicht bekannt und dessen imponierende Fassade Stadtgespräch war.)

Viele Gestaltungselemente einer Palastfassade standen allerdings auch schon vorher fest und wurden im Medici-Palast nur weiterentwickelt. Ein Stadtpalast in der ersten Hälfte des 15. Jahrhunderts hatte normalerweise drei bis vier Stockwerke, deren Höhe nach oben hin abnahm; die Geschosse wurden durch schmale Gurtbänder markiert, auf denen die regelmäßig angeordneten Fenster der Obergeschosse direkt aufsaßen. Das Verhältnis von Breite zu Höhe betrug bei den Fenstern und Türen in der Regel 1:2, die Öffnungsbreite der Fenster entsprach in etwa der Pfeilerbreite zwischen ihnen. Das Erdgeschoss hatte meistens ein Mezzanin, Tore und Fenster waren unregelmäßiger – eher dem Bedarf folgend – angeordnet, und die Fassaden wirkten insgesamt verschlossen und abweisend, nachdem ein Gesetz von 1427 die Anordnung von Läden mit Steuern belegt hatte.

All diese Gestaltungselemente finden sich auch am Medici-Palast wieder, aber den Unterschied machte nicht nur die Größe und Wucht dieses freistehenden, steinernen Kolosses mit seiner Rustika und dem mächtigen Kranzgesims, sondern vor allem dessen durchkomponierte Regelmäßigkeit, die sich dann in einer idealtypischen neuen Gesamtgestalt majestätisch manifestierte – ein architektonischer Paukenschlag!

Abb. 56: Ansichtszeichnung Originalfassade des Medici-Palastes mit zehn Feldern

Jeder in der Folgezeit gebaute Palast musste sich in irgendeiner Weise zu diesem Vorbild verhalten und sich an ihm messen lassen, also auch die Fassade des Palazzo Rucellai – und es ist von daher völlig undenkbar, dass sich Giovanni bis 1452 ausschließlich dem Innenausbau seines Palastes gewidmet hätte, ohne einen Gedanken an dessen äußeres Erscheinungsbild zu verschwenden.

Das Rätsel der Geschosshöhen

Im Fall des Rucellai-Palastes gab es aber darüber hinaus noch einen zusätzlichen, ganz profanen Grund, warum es bereits in der Planungsphase eine konkrete Vorstellung vom Aufbau der Fassade gegeben haben muss: die notwendige Festlegung der Geschosshöhen für die neue Hofbebauung. Denn wenn man sich nicht ohne Not neue

Distanzstufen in seinen zukünftigen Palast einbauen wollte, wären die einmal festgelegten Geschosshöhen des ersten Bauabschnitts im Hof auch für die Geschosshöhen des zweiten Bauabschnitts an der Straße verbindlich (nachdem die dortige Bebauung mit ganz anderen Geschosshöhen abgetragen war). Angesichts dessen wäre es grob fahrlässig gewesen, darauf zu vertrauen, dass die vorab festgelegten Geschosshöhen für den neuen Hofbereich – anschließend übertragen oder verlängert auf die Straßenseite – dort wie durch ein Wunder eine so ausgefeilte und nach allen Regeln der Kunst proportionierte Fassade ergeben würden.

Spätestens mit dem Beginn der Hofbebauung ab ca. 1450 muss also bereits eine klare Vorstellung von der – auch gestalterischen – Grundstruktur und Höhenentwicklung der Straßenfassade existiert haben, durch die überhaupt erst die Festlegung der Geschosshöhen der Hofbebauung möglich wurde.

Davon unabhängig gab es auch noch funktionale Zwänge und Notwendigkeiten. Aus der Inventur von 1542 geht hervor, dass in den an der Ecke Via della Vigna Nuova/Via dei Palchetti gelegenen Geschäftsräumen der Bank nach Vollendung des Palazzo sowohl im Erdgeschoss wie auch im ersten Obergeschoss ein Mezzanin, also ein Zwischengeschoss, existiert haben muss. Vielleicht musste Ersatz für die (durch den Hofzugang verursachte) Verkleinerung der Geschäftsräume der Rucellai-Bank geschaffen werden, vielleicht wurden auch zusätzliche Räume benötigt, weil die Bank sich stetig vergrößert hatte. Wahrscheinlicher ist aber, dass schon im alten Eckhaus der Familie – wie damals durchaus üblich – ein Mezzanin im Erdgeschoss vorhanden gewesen war. Sollte jedoch die lichte Raumhöhe sowohl für den unteren Raum wie für das darüberliegende Mezzanin drei Meter nicht unterschreiten – ein Mindestwert für die damals üblichen, viel höheren Räume –, ergab sich zusammen mit den Deckenstärken eine Geschosshöhe für das gesamte Erdgeschoss von ca. 6,50 m. Das galt entsprechend für das erste Obergeschoss. Ein Mezzanin im zweiten Obergeschoss taucht in den vorhandenen Dokumenten an keiner Stelle auf (und es gibt auch keine baulichen Überreste), sodass hier die Geschosshöhe geringer hätte ausfallen können, z. B. 5 m. Zusammen ergab das bereits eine Gebäudehöhe von mindestens 18 m. Wäre nun das Erdgeschoss noch um 2 m angehoben worden, um dem Gebot der traditionellen Höhenstaffelung zu entsprechen (also EG 8,50 m, 1. OG 6,50 m, 2. OG 5,00 m), wären 20 m, mit einem Kranzgesims sogar 21 m erreicht worden. Das wären zwar vier Meter weniger als beim Medici-Palast, aber immerhin ca. fünf Meter mehr als vorher und damit – bezogen auf die vorhandenen Nachbargebäude – beeindruckend genug.

Unabhängig davon wäre es auch nicht unbedingt ratsam gewesen, genauso hoch wie die Medici bauen zu wollen. Giovanni orientierte sich lieber an der Höhe der Innenhofbebauung des Medici-Palastes, die ebenfalls 21 m betrug.

Abb. 57: Der neue Palazzo Rucellai neben der alten Nachbarbebauung

Die gerade beschriebene Höhenstaffelung der Geschosse ist aber so nicht realisiert worden. Zwar wurde die Gesamthöhe von 21 m beibehalten, aber im Erdgeschoss blieb es bei der minimalen Geschosshöhe von 6,50 m und damit annähernd bei der gleichen Höhe wie im ersten Obergeschoss mit 6,45 m. Das führte zu der paradoxen Situation, dass im Palazzo Rucellai nicht das unterste Geschoss am höchsten ist, sondern mit 6,75 m das oberste! Diese Irregularität stützt die These (die auch schon bei der Grundrissplanung eine wichtige Rolle gespielt hat), dass das vorhandene Erdgeschoss des damaligen Stammhauses inklusive der Geschossdecke zum ersten Obergeschoss während

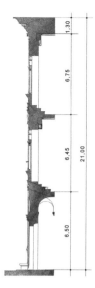

Abb. 58: Geschosshöhen Rucellai-Palast

der gesamten Umbauphase als Geschäftszentrale so weit wie möglich erhalten bleiben sollte. Dadurch war die Höhe des Erdgeschosses für den gesamten Palast, also auch für die neue Hofbebauung, bereits fixiert und damit im Gegenzug auch die ungewöhnliche Höhe der Obergeschosse vorprogrammiert. Allerdings hatte eine solche Festlegung natürlich gravierende Auswirkungen auf die Gliederung der Fassade. Wie sollte bei drei annähernd gleich hohen Geschossen die allgemein übliche, abnehmende Höhenstaffelung erreicht werden?

Die Manipulation der Proportionen

Zur Klärung dieser Frage muss noch einmal darauf verwiesen werden, dass die horizontalen Gurtbänder, die an den Fassaden der Palazzi die Abfolge der Geschosse andeuten, nicht die tatsächliche Lage der Geschossdecken markieren, sondern die Höhe der Brüstungen, über denen die Fenster angeordnet wurden. Hier gab es also erhebliche Spielräume, um im äußeren Erscheinungsbild zu den gewünschten oder einfach nur tradierten Fassadenproportionen zu gelangen. Im Fall des Medici-Palastes bewog dies Michelozzo dazu, die Brüstungshöhe im ersten Obergeschoss – und damit auch das Gurtband – auf

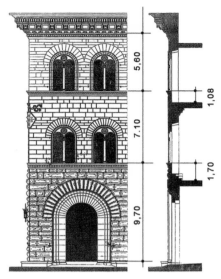

Abb. 59: Schauflächen und Brüstungshöhen Medici-Palast

1,70 m anzuheben, also auf deutlich mehr als die damals übliche
Augenhöhe, sodass die Bewohner, um aus dem Fenster schauen zu
können, drei sehr hohe Stufen bewältigen mussten. Im zweiten Obergeschoss verzichtete er auf diese Maßnahme, die Brüstungshöhe liegt
hier bei einem normalen Maß von etwas über einem Meter. Anders
ausgedrückt: Die Lage des Gurtbandes über dem Erdgeschoss wurde von Michellozzo deutlich nach oben manipuliert, um zu der gewünschten Höhenstaffelung der Fassade zu gelangen.

Nun kann es natürlich Zufall sein, dass exakt diese ungewöhnliche und unbequeme Brüstungshöhe von 1,70 m auch im Rucellai-
Palast zur Anwendung kam, aber angesichts der weiteren Parallelen
ist das mehr als unwahrscheinlich. Außerdem diente die Anhebung

	Erdgeschoss	1. Obergeschoss	2. Obergeschoss
Medici (m)	9,70 m	7,10 m	5,60 m
Medici (Prop.)	1 :	0,732 :	0,577
Rucellai (m)	8,30 m	6,35 m	5,25 m
Rucellai (Prop.)	1 :	0,765 :	0,632

Abb. 60: Vergleich der Schauflächen-Proportionen von Medici- und Rucellai-Palast

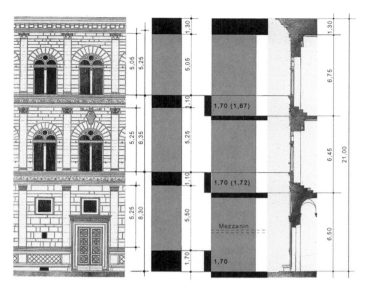

Abb. 61: Geschosshöhen, Brüstungshöhen und Schauflächen am Rucellai-Palast

dem gleichen Zweck: die scheinbare Höhe des Erdgeschosses zu vergrößern und deutlich gegen die oberen Geschosse abzusetzen. Allerdings musste im Palazzo Rucellai auch die Brüstungshöhe im zweiten Obergeschoss auf 1,70 m angehoben werden, um die gewünschte Staffelung der Fassade zu erreichen. Führte man diese Operation jedoch durch, kam man zu einem erstaunlichen Ergebnis: Die durch die Gurtbänder simulierte Höhenentwicklung der Fassade erreichte annähernd die gleichen Proportionen wie der Medici-Palast! Bei beiden Gebäuden ist die Ansichtsfläche des ersten Obergeschosses um etwa ein Viertel niedriger als die des Erdgeschosses, die Ansichtsfläche des zweiten Obergeschosses um etwa ein Fünftel niedriger als die Ansichtsfläche des ersten Obergeschosses.

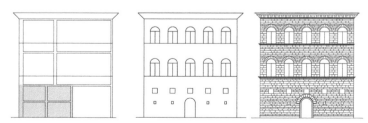

Abb. 62: Fassadenaufbau Rucellai-Palast

In jedem Fall ergab die Manipulation der Brüstungshöhen des Palazzo Rucellai eine Fassade mit einer harmonischen Proportionierung und einer deutlich abnehmenden Höhenstaffelung, die zudem große Ähnlichkeit mit dem Medici-Palast aufwies.

Der kleine Bruder

Es kommen aber noch weitere Parallelen zum Medici-Palast hinzu:

- Der obere Abschluss der Fassade durch ein steinernes Kranzgesims, das zu der Zeit an Privatpalästen in Florenz noch unüblich war.
- Die komplette Übernahme der Rustika in eine private Palastfassade. Auch hier ist der Rucellai-Palast wahrscheinlich der erste Nachahmer des Medici-Palastes.[19] Allerdings variiert die Behandlung der Steine beim Medici-Palast zwischen sehr grob behauenen Blöcken im Erdgeschoss, einer reliefartigen Ausbildung im ersten Obergeschoss und glatten Oberflächen im zweiten Obergeschoss. Am Rucellai-Palast wird hingegen auf eine geschossweise Differenzierung verzichtet und durchgängig die Reliefausbildung des ersten Obergeschosses übernommen. Dass dieses Geschoss des Medici-Palastes hier Pate gestanden hat, zeigt nicht nur die gleiche Relieftiefe, sondern auch die Übernahme der gleichen Anzahl der Steinlagen, nämlich siebzehn.

Abb. 63: Rustika-Varianten am Medici-Palast

- Auch die Höhe der senkrechten Fensteröffnungen (ohne den darüberliegenden Halbkreis) ist beim Medici-Palast und beim Palazzo Rucellai identisch. Ebenso wie die Höhe der Säulen (ohne Sockel und Kapitell), welche die Fenster teilen. Die Gesamthöhe der Fenster ist allerdings unterschiedlich, weil die Medici-Fenster breiter sind (dadurch wird auch der Bogen höher) und sich damit weder an die 2:1-Regel (Höhe zu Breite) noch an die Maßgabe halten, dass die Mauerfläche zwischen den Fenstern die gleiche Breite haben soll wie die Fenster selbst. Übernommen wurde ebenfalls die charakteristische Umrahmung der Rundbogenfenster mit senkrecht stehenden Quadern, allerdings beim Medici-Palast nach oben überhöht (wie beim Palazzo Vecchio).
- Außerdem ist natürlich die Übernahme der zweigeteilten Rundbogenfenster eine eindeutige Referenz an den Medici-Palast, denn auch diese Fenster waren zur damaligen Zeit in Florenz an privaten Palästen noch unüblich.[20]

Abb. 64: Fenster am Medici- (links) und am Rucellai-Palast (rechts)

- Auch die rechteckigen Fenster im Erdgeschoss haben bei beiden Palästen (beim Palazzo Rucellai ohne Rahmung gemessen) die gleiche Breite und liegen in ähnlicher Höhe über dem Terrain, beim Palazzo Medici sind sie allerdings doppelt so hoch.
- Schließlich war die Fassade des Palazzo Medici auch die erste Palastfassade in Florenz mit emblematischen Hinweisen auf den Eigentümer. Diese befinden sich innerhalb der Halbkreisflächen der Fenster zwischen den Rundbögen über den beiden Fenstersegmenten. Dass Giovanni auch diese Maßnahme sofort übernahm,

sowohl in den Zwickeln der Rundbogenfläche über den Fenstern als auch – noch viel deutlicher sichtbar – in den Friesen, zeigt einmal mehr, wie weitgehend der Palazzo Rucellai als bewusstes und direktes Echo auf den Palazzo Medici gelesen werden muss und sicherlich in der florentinischen Öffentlichkeit auch so verstanden wurde.

Bis zu diesem Entwicklungsstand hätte man die Fassade des Palazzo Rucellai angesichts der Vielzahl direkter Übernahmen und Zitate durchaus als Plagiat oder Kopie des Medici-Palastes bezeichnen können, zwar in anderer Größe und mit subtilen Veränderungen, aber eindeutig inspiriert durch dieses neue Idealbild eines Palastes und ohne dieses Vorbild auch gar nicht denkbar. Der Planungsstand reichte zudem aus, mit dem Neubau der Hofbebauung beginnen zu können, da mit den jetzt festgelegten Geschosshöhen die Sicherheit gegeben war, auch nach Abriss der alten Vorderhäuser und Übernahme der neuen Geschosshöhen aus dem Hofbereich für die Bebauung an der Straße zu einer stimmigen Fassade zu gelangen.

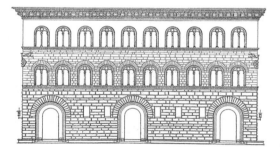

Abb. 65: Medici- und Rucellai-Palast im Vergleich

Das zweite Gesicht

Es ist aber nicht bei diesem Entwicklungsstand geblieben. Und das, obwohl die derart konzipierte Fassade durchaus einen noblen Eindruck machte und einen Vergleich mit dem Medici-Palast nicht zu scheuen brauchte. Vielmehr wurde der Regelfassade eine komplette zweite Ebene hinzugefügt, die mit einem Schlag deren gesamte Anmutung grundlegend veränderte: „Tutta fatta al modo antico"[21], wie

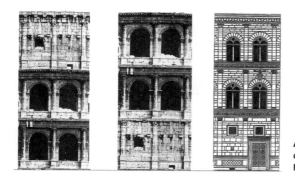

Abb. 66: Vergleich mit den Obergeschossen des Kolosseums in Rom (links)

Filarete wenig später durchaus erstaunt registrierte. Es handelte sich um eine zweidimensionale Projektion der Kolosseumsfassade auf die Rustika der Rucellaifassade mit sechs dreifach übereinanderstehenden Pilastern, die jeweils durch ein vollständiges Gebälk getrennt wurden. Näherungsweise, in sehr stilisierter Form, folgte auch die Gestaltung der Pilaster-Kapitelle der Anordnung am Kolosseum: im Erdgeschoss dorisch (oder hier eher: toskanisch), im ersten Obergeschoss

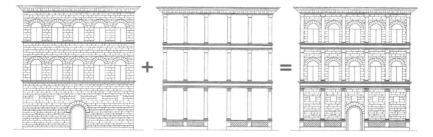

Abb. 67: Überlagerung einer toskanischen Palastfassade mit einer klassischen Pilaster-Gebälk-Struktur

ionisch und im zweiten Obergeschoss korinthisch. Nun hat das Kolosseum ja noch ein drittes, weitgehend geschlossenes Obergeschoss, aber wenn man probehalber die Reihenfolge der Geschosse umdreht und den geschlossenen Fassadenabschnitt unter die beiden Kolonnadengeschosse platziert (s. Fotomontage), lassen sich auch hier Ähnlichkeiten mit dem Palazzo Rucellai erkennen. (Unabhängig davon war die Säulen-Gebälk-Struktur ja bereits am antiken Vorbild als reine Dekoration der schweren römischen Pfeiler-Bogen-Konstruktion vorgeblendet und insofern ein durchaus passendes Muster.)

Abb. 68: Durchlaufendes Basisprofil in den Schauflächen des Erdgeschosses

Vor allem aber war die Höhe der Halbsäulen am Kolosseum, von Unterkante Sockel (ohne Postament) bis zur Oberkante Kapitell gemessen, in allen drei Geschossen annähernd gleich (beim Erdgeschoss geringfügig länger, weil hier das Postament fehlt). Und auch dieses – den Ausführungen antiker Traktat-Schreiber wie etwa Vitruv eher zuwiderlaufendes – Phänomen wird für die drei übereinander stehenden Pilaster am Palazzo Rucellai direkt übernommen: Von Unterkante Sockel bis Oberkante Kapitell sind es im Erdgeschoss 5,50 m, im ersten Obergeschoss 5,25 m und im zweiten Obergeschoss 5,05 m – eine geringfügige Abnahme der Höhen um ca. 0,95 %. Nimmt man noch das erstaunliche – und bisher nie kommentierte – Detail hinzu, dass die erste Steinlage der Schauflächen im ersten und zweiten Obergeschoss mit der Unterkante der Pilaster-Basis beginnt, im Erdgeschoss aber erst mit der Oberkante der Basis (das Basisprofil läuft in den Feldern

Abb. 69: Höhenvergleich zwischen Palazzo Medici (links), Rucellai (Mitte) und Piccolomini in Siena (rechts)

weiter), sodass sich die Schauflächen auch im Erdgeschoss auf 5,20 m, also wie im ersten Obergeschoss, reduzieren, muss die erstaunliche Tatsache konstatiert werden, dass der Verfasser der Fassade es explizit darauf anlegte, gleich hohe Schaufelder zu erzeugen, also die traditionelle und in der Fassade auch angelegte Höhenstaffelung wieder rückgängig zu machen oder gar zu eliminieren! Im Erdgeschoss erreicht er dies im Übrigen dadurch, dass er die Brüstungshöhe von 1,70 m im ersten und zweiten Obergeschoss auch dort in Form eines zusätzlichen Sockels einführt.

In Abweichung von allen jemals vorher oder nachher gebauten Palästen finden wir also am Palazzo Rucellai drei übereinanderliegende Rustika-Schauflächen von fast identischer Höhe. Und in dem Moment, in dem die Aufmerksamkeit des Betrachters auf jenen Punkt gelenkt wird, fällt dies auch deutlich – und durchaus irritierend – auf: Das oberste Geschoss ist sehr hoch. Anders als selbst im Palazzo Piccolomini im Pienza, der ja in vielerlei Hinsicht eine identische Fassadengestaltung aufweist (bis hin zu der Tatsache, dass auch dort die erste Steinlage in der Rustika-Steinfläche des Erdgeschosses erst mit der Oberkannte des Pilastersockels beginnt, der Sockel also wie abgeschnitten wirkt).

Römische Impressionen

Es bleibt aber nicht bei diesen Anklängen an das Kolosseum durch Applikation einer vollständigen, dreigeschossigen Pilaster-Gebälk-Struktur mit annähernd gleich hohen Ansichtsflächen. Gestaltungselemente der römischen Antike tauchen an vielen weiteren Stellen der Fassade auf. Das mit einem Rundbogen abgeschlossene Eingangsportal des Medici-Palastes musste einer rechteckigen Tür mit kompletter antiker Rahmung weichen (1). Auch die schmucklosen Rechteckfenster im Erdgeschoss des Medici-Palastes erhielten jetzt eine zusätzliche, klassische Rahmung und wurden – bei gleicher Breite – wegen der geringeren Höhe des Erdgeschosses auf Quadrate zurückgeführt (2).

Im Gegensatz zu der relativ gleichmäßigen und konventionellen Schichtung der Rustika-Steinlagen am Medici-Palast kam am Rucellai-Palast dezidiert das römische „opus pseudoisodomum" zum Einsatz, bei dem „abwechselnd ungleich hohe Reihen von Schichten angeordnet

Abb. 70: Übernahme von Gestaltungselementen aus der römischen Antike

sind"[22] (3). Dass der Rekurs auf römische Mauerwerkstechniken kein Zufall war, zeigt auch die Ausbildung der Sockelfläche oberhalb der Sitzbank als „opus reticulatum"[23], allerdings hier nur als in den Naturstein eingeritztes Zitat (4). Außerdem ist diese dekorative Sockelfläche durch die Anordnung von Postamenten unter den Erdgeschosspilastern unterbrochen, wodurch die klassische Attitüde zusätzlich betont wurde.

Nicht zuletzt wurde in die zweigeteilten Fenster der Rucellaifassade auch noch eine Art Architrav eingefügt, der über den Kapitellen der Mittelsäulen und der Halbsäulen in den Laibungen liegt – ein ganz neues Element, das die klassische Anmutung verstärkt und dem toskanischen Rundbogenfenster eine zusätzliche Rechteckform einschreibt (5). Kurz: Hier wollte jemand nachdrücklich demonstrieren, dass er die neue Mode „al antico" perfekt beherrschte.

Abb. 71: Masolino, Fresko (Ausschnitt) um 1425

IV
Legende und Realität:
Die falsche Zuschreibung

Unerklärliches Schweigen

Spätestens an dieser Stelle taucht in der kunstgeschichtlichen Literatur regelmäßig der Name Leon Battista Alberti auf. Nach dem Ableben Brunelleschis käme kein anderer Architekt der damaligen Zeit für den Entwurf einer so neuartigen, dezidiert auf die römische Klassik verweisenden Fassade infrage. Hatte nicht Alberti mit der Kirche *San Francesco* in Rimini gerade erst einen denkwürdigen Beitrag zur Renaissance der römischen Architektur geleistet? Vor allem aber: Hatte er nicht in seinem Traktat *De re aedificatoria*[24] ein umfassendes „Lehrbuch über das antike Bauen als Vorbild und Anleitung für die Gegenwart"[25] geschrieben, war also ein anerkannter und in seiner Zeit vielleicht sogar der größte Fachmann auf diesem Gebiet? „Could the facade of the palace, at once so revolutionary and so classicly inspired, have been designed by anyone else but the humanist and architectural theoretican?"[26] fragte auch Bruno Zevi.

Abb. 72: Leon Battista Alberti, Porträtbüste

Aber es tauchten auch immer wieder Zweifel an der Autorenschaft Albertis auf.[27] Es gibt keine einzige zeitgenössische Quelle, die ihn mit dem Entwurf der Fassade in Verbindung bringt. Erst 100 Jahre später bezeichnete ihn Vasari in seiner *Vita di Leon Battista Alberti*[28] als Architekten des Palazzo Rucellai, allerdings unter Nennung des falschen Bauherrn, Cosimo Rucellai, und lediglich gestützt auf zwei weitere, vermutlich ebenfalls aus dem 16. Jahrhundert stammende Quellen.[29] Die mangelnde Zuverlässigkeit Vasaris bei solchen Zuschreibungen ist allgemein bekannt, aber durch den Abstand von 100 Jahren immerhin verständlich und entschuldbar. Umso schwerer wiegt das gänzliche Stillschweigen aller direkt Beteiligten in dieser Frage. Giovanni Rucellai selbst äußert sich mit keinem Wort über seinen Architekten, obwohl er in seinem Tagebuch z.B. Brunelleschi als „Meister der Architektur und Skulptur"[30] ausdrücklich zu würdigen weiß. Wäre Alberti in seinen Augen ein ähnlich herausragender Baumeister und zudem auch noch der Architekt seines Palazzo gewesen, hätte er ihn eigentlich erwähnen müssen. Auch sein Sohn Bernardo, zum Zeitpunkt der Fertigstellung der Fassade immerhin schon acht Jahre alt, erwähnt 1474 anlässlich seines Zusammentreffens mit Alberti ein halbes Jahr vor dessen Tod in Rom mit keinem Wort, dass dieser die Fassade seines Vaterhauses entworfen hätte, sondern spricht ausschließlich von „seinen einzigartigen Kenntnissen" in der Vermessung und seinen „mathematischen Maschinen"[31]. Und Filarete, der von Alberti und dessen Buch *De re aedificatoria* mit Sicherheit gehört hatte, berichtet in seinem eigenen *Trattato d'Architettura* zwar – wie schon erwähnt – von dem Haus in der Via della Vigna Nuova „tutta la facciata dinanzi composta di pietre lavorate, e tutta fatta al modo antico"[32], erwähnt Alberti aber mit keinem Wort, obwohl er fünf Zeilen vorher Filippo Brunelleschi sehr wohl beim Namen nennt. Auch der Florentiner Giannozzo di Bernardo Manetti, der Sekretär des damaligen Papstes Nikolaus V. und von 1442–45 immerhin ein Geschäftspartner Giovannis und eine Art Familienmitglied, weil sein Sohn 1452 eine der Töchter Giovannis heiratete, verliert kein einziges Wort über Alberti als Architekten seines ehemaligen Partners (als es um die Bauvorhaben des Papstes in Rom geht, mit denen Alberti ja auch immer wieder in Verbindung gebracht wird).[33] Und schließlich gibt es auch von Alberti selbst in den wenigen überlieferten Aufzeichnungen zwar Hinweise auf seine Bauten in Rimini und Mantua, aber kein Wort über Planungen für den Palazzo Rucellai oder auch nur über eine persönliche Bekanntschaft mit dem Bauherrn.

Aufgrund dieses unerklärlichen und zermürbenden Schweigens auf Seiten aller beteiligten Zeitgenossen sind die Kunsthistoriker dazu übergegangen, andere, z.B. biografische, inhaltliche oder stilistische Anhaltspunkte für eine Autorenschaft Albertis zu sammeln.

Die biografische Sackgasse

Wie also waren die Lebensumstände Albertis in den Jahren zwischen 1446 und 1449, als die Planung für den Rucellai-Palast konkret wurde? Wie könnte er als Architekt für die Fassade ins Spiel gekommen sein? Eine in der Kunstgeschichtsschreibung weit verbreitete Version lautet, Giovanni hätte sich ursprünglich Brunelleschi für den Entwurf seines neuen Palastes gewünscht, sich aber nach dessen Ableben 1446 nach einem anderen Architekten umsehen müssen und sich dann wie selbstverständlich für dessen berühmten Kollegen entschieden.[34] Diese Hypothese setzt jedoch voraus, dass Alberti zu diesem Zeitpunkt überhaupt schon als Architekt wahrgenommen wurde – was mehr als zweifelhaft ist. Sicherlich war er als – wenn auch unehelicher – Spross einer angesehenen Familie in Florenz nicht unbekannt, aber eher als studierter Kirchenrechtler, humanistischer Gelehrter und Angestellter der päpstlichen Kurie, der als einer von (im Mittel) fünfzig Abbreviatoren Schriftstücke für die Verwaltung des Kirchenstaates entwarf und als solcher auch im Gefolge des Papstes von 1434–1443 in Florenz weilte. Zugang zum Kreis um Brunelleschi erlangte Alberti durch seine beiden in ciceronischem Latein verfassten kunsttheoretischen Schriften *De pictura*[35] und *De statua*[36], eine gewisse Aufmerksamkeit erreichte er bald danach durch sein erstes literarisches Hauptwerk *Della Famiglia*[37], das in drei Bänden das Verhältnis zwischen Vätern und Söhnen sowie die Grundlagen des Familienlebens und der Hauswirtschaft abhandelte. Anschließend führte Alberti für etwa fünfzehn Jahre – neben seiner untergeordneten Anstellung an der Kurie – das Leben eines humanistischen Schriftstellers. Verblüffend ist vor allem die Vielfalt der Themen, die er behandelte. Sie umfassten unter anderem Abhandlungen über Recht, Landwirtschaft, Pferdezucht, Sprachforschung, Kartografie, Schiffsbau, Mathematik, aber auch literarische Texte wie seine *Autobiografie*, die *Tischgespräche (Intercenales)*, das *Loblied auf die Fliege (Musca)*, auf seinen *Hund (Canis)* oder die vier Bücher *Vom Fürsten (Momus)*. In Florenz versuchte er darüber hinaus, sich durch das Schreiben einer kleinen Grammatik des Italienischen als Vertreter der toskanischen Volkssprache zu etablieren. Dazu initiierte er 1441 mit Unterstützung des 25-jährigen Piero de Medici, des Sohnes von Cosimo de Medici, einen öffentlichen Dichterwettbewerb, den sogenannten „Certame Coronario", bei dem die Teilnehmer in toskanischer Sprache über das Thema Freundschaft schreiben sollten. Dies war ein klarer Affront gegen den Kanzler von Florenz, Leonardo Bruni, der einer der angesehensten Humanisten Europas war und sich öffentlich gegen den Versuch ausgesprochen hatte, ein solcherart philosophisches Thema in der Volkssprache anstatt in klassischem Latein abzuhandeln. Folgerichtig kam es zu einem Eklat, der Preis wurde nicht an den besten Redner, sondern an die

Schatzkammer des Domes vergeben, und Alberti war nicht nur mit seinem Versuch gescheitert, eine Plattform für das Toskanische zu schaffen, sondern hatte sich auch noch einen der mächtigsten Männer der Stadt zum Feind gemacht.[38]

Daher unternahm Alberti zwischen 1436 und 1452 immer wieder Schritte, die Gunst anderer, den Humanisten gegenüber aufgeschlossener Herrscher zu erlangen, etwa bei der Familie der d'Este in Ferrara, wo ab 1438 der gesamte päpstliche Hof für länger als ein Jahr residierte. Aber mit dem Tod von Lionello d'Este und der Machtübernahme durch dessen Bruder Borso d'Este brach die Verbindung wieder ab. Das gleiche Ende nahmen seine Bemühungen um Gianfranceso Gonzaga, den Fürsten von Mantua, der 1444 starb.

So kehrte Alberti nach neunjährigem Aufenthalt in seiner Heimatstadt und einem Jahr vor seinem 40. Geburtstag 1443 zusammen mit Papst Eugen IV. nach Rom zurück, ohne in irgendeiner Form als Architekt in Erscheinung getreten zu sein. Erst in Rom entwickelte sich, angeregt durch das Vorbild seiner berühmten Kollegen Poggio Bracciolini und Flavio Biondo, Albertis Interesse für die antiken Bauten. Bald gab es, wie er selbst im Vorwort zum 6. Buch von *De re aedificatoria* schreibt, „nicht ein halbwegs bekanntes Werk der Antike, das ich nicht untersucht hätte", und er begann damit, „alles zu durchwühlen, anzusehen, auszumessen, in zeichnerischen Aufnahmen zu sammeln, um alles, was man Geist- und Kunstvolles geleistet hatte,

Abb. 73: Giovanni Battista Piranesi, Concordia Tempel, Rom

von Grund auf zu erfassen und kennen zu lernen."[39] Das wichtigste Ergebnis dieser Bemühungen war dann sein zehnbändiges Werk über das Bauwesen (*De re aedificatoria*), das zunächst wahrscheinlich als Neuausgabe des Vitruv geplant war (und daher ebenfalls aus zehn Bänden bestehen musste), sich im Laufe der Bearbeitung aber immer

Abb. 74: Titelblatt von De re aedificatoria, Handschrift ca. 1485/1490

eigenständiger entwickelte und schließlich in vielen Punkten zu ganz anderen Schlussfolgerungen gelangte.[40] Die mögliche Entstehungszeit liegt zwischen 1443 (Ankunft in Rom) und 1452, als Alberti Papst Nikolaus V. eine erste Fassung der von ihm bis dahin fertig gestellten Bücher präsentierte (laut einem Eintrag Palmieris in seiner Chronik *De temporibus suis* von 1452[41]) – also genau in dem Zeitraum, in dem Giovanni Rucellai in Florenz bereits den Plan für den Bau seines Palastes gefasst, die notwendigen Grundstücke akquiriert, die dortige alte Bebauung abgerissen und die neue Hofbebauung vollendet hatte.

Alberti hingegen war aufgrund seines Buches – und lange darüber hinaus – am päpstlichen Hof eher als Altertumsforscher bekannt („Vir doctus et antiquitatem solertissimus indagator" – also als ein „Gelehrter und erfahrener Aufspürer von Altertümern")[42], darüber hinaus inzwischen auch als Geometer, Kartograf, Vermesser und Mathematiker. Nur folgerichtig wurde er daher 1447 von Kardinal Colonna um Rat gefragt, als dieser sich für die Bergung zweier siebzig Meter langer römischer Vergnügungsschiffe vom Grund des Nemi-Sees interessierte – ohne Tauchgeräte und Schwimmkräne eine für die damalige Zeit eigentlich unlösbare Aufgabe –, und es ist bezeichnend für Alberti, dass er die Herausforderung trotzdem annahm. Immerhin gelang es seinen Tauchern unter Einsatz etlicher Schwimmkörper und Winden, eines der Schiffe anzuheben, aber vor der endgültigen Bergung zerbrach der Schiffskörper in zwei Teile und es konnten nur relativ wenige Bruchstücke gerettet werden.[43] Obwohl das Unternehmen also fehlschlug, könnte Kardinal Colonna Alberti drei Jahre später an Sigismondo Malatesta – im Übrigen ein berüchtigter Söldnerführer – weiterempfohlen haben, der dringend eine Idee für die Fassade seiner als Mausoleum gedachten Kirche *San Francesco* in Rimini suchte. Zwischen 1450 (Inschrift, Medaille) und 1454 (Brief Albertis an seinen damaligen Bauführer Matteo de Pasti) war Alberti dann tatsächlich mit dem Entwurf für eine neue Einhausung von *San Francesco* beschäftigt. Die gleichzeitige Beauftragung mit dem kompletten und komplexen – genaue Ortskenntnisse und ständige Betreuung voraussetzenden – Umbau des Palazzo Rucellai inklusive der neuen Fassade erscheint unter diesen Umständen als eher unwahrscheinlich, zumal Alberti auch in Rom während der Herrschaft zweier extrem bauinteressierter Päpste über einen Zeitraum von 17 Jahren hinweg als praktizierender Architekt nie in Erscheinung getreten ist.

Das unergiebige Lehrbuch

Allerdings könnte es ja sein, dass sich zumindest im theoretischen Werk Albertis, auch wenn es zur Zeit der Planung des Palastes noch nicht veröffentlicht war, wichtige Aussagen oder Vorschriften finden, die dann in der Fassade zur Anwendung gekommen sein könnten und damit indirekt auf eine Autorenschaft Albertis verweisen würden. Tatsächlich ist aber eher das Gegenteil der Fall: Die wenigen Aussagen in *De re aedificatoria*, die überhaupt für die Fassade relevant sein könnten, stehen in deutlichem Gegensatz zu den dort angewandten entwurflichen Prinzipien!

1. Zwar äußert sich Alberti im 4. Kapitel des 9. Buches auch zur Fassade des Stadthauses, geht dort allerdings von einer Art vorgelagertem Portikus mit Säulen und – bei den „hervorragensten Bürgern"[44] – geradem Gebälk aus. „Wenn auf die erste Säulenstellung andere gesetzt werden, sollen die zweiten um ein Viertel kürzer als die ersten gemacht werden. Wird noch eine dritte Reihe darüber errichtet, so sollen diese um ein Fünftel kürzer werden als die unter ihnen stehenden."[45] Alberti überträgt hier „die von Vitruv im 6. Kap. des 5. Buches unter Absatz 6 für den Theaterprospekt angegebene Übereinanderstellung mehrerer Säulenordnungen auf den Stockwerksbau"[46], weicht allerdings beim obersten Geschoss mit der Angabe „ein Fünftel" von Vitruv ab, der ein Viertel festgelegt hatte.

Im Gegensatz dazu macht die zweite, antikisierende Fassadenebene des Palazzo Rucellai eine solche abnehmende Staffelung – die in der darunterliegenden Ebene sogar relativ genau mit Albertis Werten in *De re aedificatoria* übereinstimmt – gerade wieder rückgängig und egalisiert die Höhe der Pilaster und der Schauflächen.

2. Die subtile Besonderheit des Mauerwerksverbandes im Erdgeschoss des Palazzo Rucellai, das *opus pseudoisodomum*, das Vitruv gesondert aufführt, wird in *De re aedificatoria* gar nicht erwähnt. Dort unterscheidet Alberti nur „das regelmäßige, das Netzmauerwerk und das unregelmäßige Mauerwerk"[47].

3. Solche Abweichungen betreffen auch die eingesetzten Materialien insgesamt. Bei San Francesco in Rimini sah Alberti für die Einhausung des Altbaus durch eine neue, frei davorgestellte Fassade eine

Abb. 75: San Francesco in Rimini

Abb. 76: Abbruchkante
Natursteinverkleidung
am Palazzo Rucellai

Abb. 77: Plattenzuschnitte Rucellai-Palast nach Prof. Sanpaolesi

ungewöhnlich massive, an die römische Bauweise erinnernde Marmorfassade vor, deren Material sich der Bauherr Sigismondo Malatesta durch Ausplünderung antiker Bauten in Ravenna und Verona verschafft hatte. Dieser Umgang mit Baumaterialien erinnert stark an seinen Satz in *De re aedificatoria*: „Ich gehöre zu jenen, die verlangen, dass den Architekten vorzugsweise und reichlich zur Verfügung gestellt wird, was zur Bauausführung vonnöten ist"[48], steht aber in schärfstem Gegensatz zu der hauchdünnen, nur vorgeblendeten Natursteinfassade des Palazzo Rucellai. Aber selbst innerhalb dieses Rustika-Furniers, das Massivität vortäuscht, wo gar keine vorhanden sind, sind die einzelnen

Bestandteile der Schauflächen nicht immer ‚echte' Steinformate, sondern in Teilbereichen wurden – wahrscheinlich je nach Vorrat – wesentlich größere Plattenformate verwendet und die horizontalen und vertikalen Fugen nachträglich eingeritzt.[49] Wo jedoch einzelne Steine aneinandergesetzt wurden, erfolgte die Trennung nicht in Fugenmitte, sondern einseitig am Ende. All das deutet auf einen ökonomisch optimierten Fertigungsprozess der Fassade hin, bei dem mit dem geringsten Einsatz von Material und Arbeitskraft der größte Effekt erzielt werden sollte. Eine Vorgehensweise, die durchaus zu einem Bankier wie Giovanni Rucellai passte, aber nach allem, was man weiß, nicht zu Alberti.

4. Unabhängig davon arbeitete Alberti sowieso nicht für Privatpersonen, sondern – zumindest in den Fällen, in denen seine Autorenschaft feststeht – ausschließlich für Herrscherhäuser, und dies empfiehlt er auch den Lesern von *De re aedificatoria*: „Ich möchte auch, dass Du so viel als möglich dafür sorgst, dass Du es nur mit glänzenden und nach derartigem besonders begehrlichen Staatsoberhäuptern zu tun hast."[50] Wahrscheinlich hat Alberti bei seinen Entwürfen prinzipiell nicht für Geld gearbeitet. Der höchste Lohn bestand für ihn, der Zeit seines Lebens unter seinem Status als unehelicher Spross des Alberti-Clans gelitten hatte, darin, „unter die Nobili aufgenommen zu werden, mit ihnen auf der gleichen gesellschaftlichen Ebene zu verkehren und in ihren Kreisen ein hoch geschätzter Fachmann, Gast und Freund zu sein."[51]

Albertis Theorie der Schönheit

Eine entscheidende Rolle in den Diskussionen der Kunsthistoriker über die Autorenschaft Albertis spielt bis heute das ausgeklügelte System der Proportionen an der Fassade des Palazzo Rucellai. Dieses leite sich – so die hauptsächlich von dem deutschen Kunsthistoriker Paul von Naredi-Rainer vertretene These – direkt aus der ästhetischen Theorie Albertis ab, und deshalb könne auch nur Alberti der Entwurfsverfasser der Fassade gewesen sein.

Um hier Klarheit zu gewinnen, ist eine kurze Zusammenfassung der Theorie der Schönheit, wie sie Alberti in *De re aedificatoria* entwickelt hat, unvermeidlich. Wer den Schlussfolgerungen des Autors vertraut, mag die sehr ins Detail gehenden Ausführungen im nächsten Absatz getrost überschlagen. Sie sind aber notwendig, um den von vielen Kunsthistorikern immer noch für zutreffend erachteten Ansatz Naredi-Rainers, zumindest was den Palazzo Rucellai angeht, zu widerlegen.

Im Zentrum der Schönheitslehre, wie sie Alberti im 5. Kapitel des 9. Buches formuliert, nachdem er einen ersten Anlauf schon im 2. Kapitel des 6. Buches genommen hatte, steht der Begriff der *concinnitas*, von Theuer mit „Ebenmaß" übersetzt: „Die Schönheit ist eine Art Übereinstimmung (consensus) und Einklang (conspiratio) der zugehörigen Teile in Bezug auf eine bestimmte Anzahl, Beziehung und Anordnung, so wie es die Harmonie (*concinnitas*), das vollkommene und ursprüngliche Naturgesetz, verlangt."[52] Innerhalb der *concinnitas* sind allerdings – das bedeuten die in der Definition enthaltenen Kategorien *Anzahl, Beziehung* und *Anordnung* – nicht nur eine, sondern viele harmonische Proportionen, viele ausgewogene Anordnungsmöglichkeiten, viele herausgehobene Zahlenkombinationen möglich. Für Alberti gibt es nicht „die eine, wahre, absolute Schönheit, sondern viele Schönheiten"[53].

Im nächsten Schritt werden die drei Kategorien – im lateinischen Original *numerus, finitio* und *collocatio* genannt – näher untersucht, der *numerus* etwa durch die Hervorhebung der ganzen Zahlen von eins bis zehn und durch die Diskussion ihrer jeweiligen Besonderheiten. Im Mittelpunkt der *collocatio* steht hingegen die Spiegelsymmetrie, also die aus der Natur abgeleitete, symmetrische Anordnung der Elemente, in der „das Rechte dem Linken in vollkommener Gleichheit entsprechen muss"[54].

Bedeutend aufwendiger gestaltet sich die Besprechung der *finitio*: „Finitio nenne ich den Zusammenhang bestimmter Strecken untereinander, mittels derer die Größe gemessen wird. Von diesen Strecken ist die eine die Länge, die andere die Breite, die dritte die Höhe."[55] Im Kern geht es also um *Raum*proportionen, in der konkreten Anwendung meist um die Ermittlung der Raum*höhe* bei einer gegebenen Länge und Breite der Grundrissfläche. Und die Regeln für die Bestimmung der harmonischen Proportionen (*ratio finitionis*) findet Alberti in den von Pythagoras entdeckten oder formulierten Naturgesetzen über die wechselseitige Entsprechung von Zahlen und Tönen, genauer gesagt, in der erstaunlichen Tatsache, dass sich die musikalischen Harmonien in exakten ganzzahligen Verhältnissen ausdrücken lassen: Eine Oktave etwa entspricht bei einem Saiteninstrument exakt einem Verhältnis der Saitenlängen von 1:2, eine Quinte einem Verhältnis von 3:2. Wohlklang und Harmonie in der Musik – so die Überzeugung der Antike, die zu der Aufnahme der Musik in die *artes liberales* neben Arithmetik, Geometrie und Astronomie geführt hatte – beruhe auf klaren mathematischen Verhältnissen, und genauso sei es auch in der Optik. Es seien die gleichen Proportionen wie in der Musik und in der Mathematik, die auch bei Flächen und Körpern „unsere Augen und unser Inneres mit wunderbarem Wohlgefühl"[56] erfüllten. Man bräuchte also nur die Proportionen der musikalischen Konsonanzen (*consonantiae*) auf die Flächen- oder Raumproportionen zu übertragen, um die (im Rahmen der *finitio*) gesuchten harmonischen Proportionen zu erzeugen. „Von den Musikern also [...] wollen wir alle Regeln der Bestimmung der harmonischen Proportionen ableiten."[57] Die Grundlagen dazu entnimmt Alberti den Ausführungen Vitruvs über die Harmonielehre des Aristoxenos, allerdings nur so weit, wie „es für einen Architekten nötig ist"[58]. Teilweise fast wörtlich fasst er die wichtigsten Ausführungen zusammen und zitiert folgende fünf Konsonanzen (bei Vitruv sind es sechs):

Diapente	(2:3)
Diatessaron	(4:3)
Diapason	(2:1)
Diapasondiapente	(3:1)
Dysdiapason	(4:1) sowie den Ganzton (8:9)[59]

Anschließend erläutert er die entsprechenden Verhältnisse ausführlich. Da sie sich sämtlich mit Hilfe der Zahlen eins, zwei, drei und vier darstellen lassen, nennt er diese die „musikalischen Zahlen"[60], die als solche auch schon (in Form des Tetraktys) aus der Antike her bekannt waren und später z.B. von Raffael in seiner *Schule von Athen* als Reminiszenz an das griechisch-römische Altertum auf einer Tafel dargestellt wurden.

„All dieser Zahlen bedienen sich die Architekten"[61], sowohl bei der proportionalen Herstellung von Flächen wie auch von Räumen. Alberti bespricht zunächst die Flächen. Dort unterscheidet er kurze, mittelgroße und weitläufige Flächen und führt zu jeder Variante drei mögliche Proportionen an, insgesamt also neun Verhältnisse (kurz: 1:1, 2:3, 3:4; mittel: 1:2, 4:9, 9:16; lang: 1:3, 3:8,1:4).

 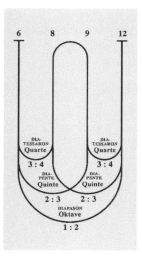

Abb. 78: Raffael, Schule von Athen (Ausschnitt) und Vergrößerung Tetraktys (rechts)

Bei den Raumproportionen gibt es für die Bestimmung der Seitenlängen drei Möglichkeiten: 1. die erneute Anwendung harmonischer Proportionen („das Doppelte, Dreifache und Vierfache"[62]), 2. die Verwendung gewisser „innerer Beziehungen"[63] zwischen Länge, Breite und Höhe, also z. B. Diagonalen, Wurzeln, Potenzen etc., 3. die Ermittlung von „Mittleren Proportionalen", also von Beziehungen, die weder den Harmonien (1) noch der Mathematik (2) „innewohnen, sondern anderswoher genommen werden, um die drei Längenmaße zueinander in Beziehung zu bringen."[64] Es wird also „nach Bestimmung der beiden äußeren Zahlen eine mittlere gesucht, welche zu jenen beiden in einem bestimmten Verhältnis steht."[65] Das erinnert an den Goldenen Schnitt, bezieht sich hier aber nicht auf die Teilung einer Strecke, sondern auf zwei unterschiedlich lange Strecken einer Fläche, für die eine Höhe gesucht wird, die kleiner als die Länge und größer als die Breite ist, also in der Mitte liegt – deshalb „mittlere" Proportionale. Und erneut unterscheidet Alberti bei diesen mittleren Proportionalen drei Arten: die arithmetische, $m = (a+b)/2$, die geometrische, $m = \sqrt{a \times b}$, und die musikalische, $m = 2\,ab/(a+b)$.

Alberti hat sich hier also sehr weit von seinem Ausgangspunkt der musikalischen Zahlen in Richtung mathematischer Verfahren entfernt, auch wenn er seine dritte Methode – ohne weitere Begründung – wieder „musikalische" nennt. (Es entstehen bei der Anwendung dieser Formel zwar durchaus auch wieder musikalische Proportionen, etwa bei dem von ihm benutzten Beispiel 30/40/60 oder bei dem Verhältnis der Seitenlängen von 3:1, aber bei den meisten anderen Seitenlängen ergeben sich völlig irreguläre Proportionen.)

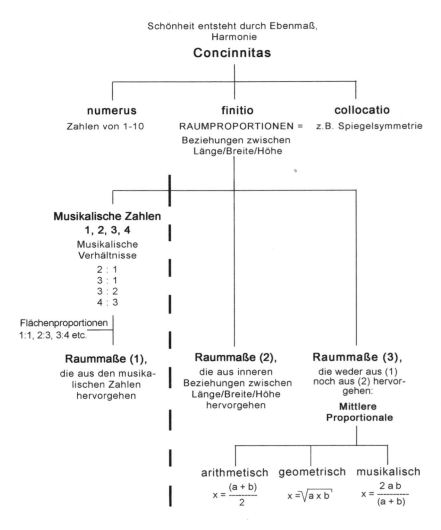

Abb. 79: Schaubild zu Albertis Theorie der Schönheit

Der Vollständigkeit halber sei erwähnt, dass sich Alberti im 3. Kapitel des 9. Buches, also vor der Wiederaufnahme seiner Erläuterungen zur Theorie der Schönheit, bereits mit der Ermittlung von Raumhöhen in Entsprechung zu bestimmten Flächenverhältnissen befasst. Und hier tauchen tatsächlich auch andere Proportionen als die von ihm als „musikalische" bezeichneten auf, z.b. 5:1, 5:3, 5:7 – also Verhältnisse mit der Zahl 5, auf die er dann in den Kapiteln 5–8 verzichtet. Der Grund ist, dass Alberti hier ausführlich das 3. Kapitel des 6. Buches von Vitruv rekapituliert, der dort – etwa beim Atrium – auch Proportionen festsetzt, die eine 5 beinhalten und die Alberti dann einfach übernimmt, ohne sie an dieser Stelle musiktheoretisch zu reflektieren. Im 5.–8. Kapitel sind solche Proportionen dann verschwunden.

Die problematische Übertragung

Nach dieser kurzen Zusammenfassung der Schönheitslehre Albertis lassen sich einige Punkte festhalten:

- Harmonie und Schönheit hängen nicht allein von den Proportionen ab (finitio), sondern auch von der Zahl und der Anordnung.
- Im Kern geht es Alberti bei seinen Ausführungen um Raumproportionen, also um die Beziehungen zwischen Länge, Breite und Höhe, nicht um Flächen- oder Fassadenproportionen.
- Die musikalischen Proportionen decken nur einen Teilbereich der behandelten Proportionen ab. Es kommen sonstige „innere" sowie geometrische und arithmetische, also mathematische Beziehungen hinzu.
- Innerhalb des Stranges der musikalischen Proportionen behandelt Alberti ausschließlich die auf das pythagoreische Musiksystem zurückgehenden Proportionen, die sich aus den musikalischen Zahlen 1, 2, 3 und 4 zusammensetzen (2:3, 4:3, 2:1, 3:1, 4:1) sowie den Ganzton (8:9), der aber ebenfalls aus den Kuben der Zahlen 2 und 3 besteht.

Wenn man jedoch, wie Paul von Naredi-Rainer, Albertis ästhetische Theorie vorrangig auf die Proportionslehre einengt und diese dann wiederum auf die Musiktheorie verkürzt, stößt man bei der Anwendung auf die Fassade des Palazzo Rucellai sofort auf erhebliche Widersprüche.

Im Rahmen seiner Untersuchung und Vermessung der Fassade musste Naredi-Rainer nämlich feststellen, dass fast alle dort auftauchenden Proportionen gerade *nicht* den von Alberti in *De re aedificatoria* erwähnten musikalischen Harmonien entsprechen, sondern fast ausschließlich auf anderen Proportionen basieren: die große Terz (4:5), die große Sext (3:5), die kleine Sext (5:8), die kleine Septime (5:9), die große Septime (8:15) etc. – alles Verhältnisse, in denen die Zahl 5 enthalten ist, die bei Alberti nicht zu den musikalischen Zahlen zählt.

Kleine Septime: **9/5** oder 1/0,555

Kleine Sexte: **8/5** oder 1/0,625

große Terz: **5/4** oder 1/0,8

große Septime: **15/8** oder 1/0,5333

große Sext: **5/3** oder 1/0,6

Quarte: **4/3** oder 1/0,75

große Terz: **5/4** oder 1/0,8

Abb. 80: Proportionen am Rucellai-Palast gemäß Paul von Naredi-Rainer

Anstatt aber daraufhin die Möglichkeit in Betracht zu ziehen, dass die Fassade des Palazzo Rucellai vielleicht nicht auf Alberti zurückgehen könnte, vollzieht er eine argumentative Volte und schreibt: „Exemplarisch wird hier erneut deutlich, das Alberti Architektur nicht einfach als Umsetzung musikalischer Harmonien verstand, sondern sich ihrer Eigengesetzlichkeit stets bewusst war."[66] Gleiches wiederholt er einige Seiten später: „Bemerkenswerterweise werden nahezu ausschließlich solche musikalischen Verhältnisse verwendet, die nach pythagoreischer Lehre als unkanonisch gelten. Dass diese Proportionen über die im Architekturtraktat expressis verbis genannten pythagoreischen Zahlenverhältnisse hinausgehen, ist gewiss nicht als unvereinbarer Widerspruch zwischen Theorie und Praxis zu interpretieren, sondern beweist vielmehr Albertis Verständnis der *concinnitas* als umfassendes ästhetisches Prinzip."[67] Die gleiche Argumentation taucht in *Architektur und Harmonie*[68] ebenfalls noch einmal auf, dort von Naredi-Rainer als „souveräner und differenzierter Umgang mit Proportionen"[69] entschuldigt, während er gleichzeitig feststellt, dass die Abmessungen am Tempio Malatestiano in Rimini, also einem nachweislich von Alberti entworfenen Gebäude, „weitestgehend einfachen musikalischen Zahlenverhältnissen entsprechen und somit [...] wie eine Bestätigung der entsprechenden architekturtheoretischen Äußerungen Albertis erscheinen."[70]

Logischer wäre eigentlich der umgekehrte Schluss gewesen: Wenn Alberti anscheinend nicht nur in der Theorie (*De re aedificatoria*), sondern auch in der Praxis (San Francesco in Rimini und später

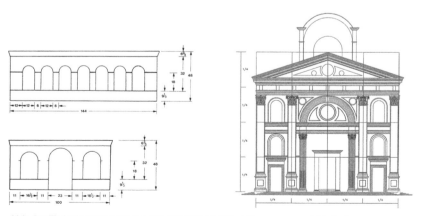

Abb. 81: Einfache musikalische Proportionen bei San Francesco und St. Andrea

auch St. Andrea in Mantua) einfache Zahlenverhältnisse vorzieht, solche aber in der Fassade des Palazzo Rucellai nicht vorkommen, spräche das eher dafür, dass Alberti *nicht* der Architekt der Rucellai-Fassade ist. Unabhängig davon stimmen nicht einmal die von Naredi-Rainer formulierten Proportionen mit den realen Maßen der Fassade überein, schon deshalb, weil er die leichte Abnahme der Pilasterbreite vom Erdgeschoss bis zum zweiten Obergeschoss (immerhin 5 cm) unberücksichtigt lässt. Bei den minimalen Unterschieden der von ihm angeführten

Abb. 82: Tatsächliche Proportionen (rechts) im Vergleich mit Naredi-Rainer (links)

Proportionen, z. B. Quinte 1: 0,666 und kleine Sext 1:0,625, führt diese Abweichung von 5 cm z. b. bei den Schauflächen im zweiten OG zu einem realen Verhältnis von 1:0,65, das genau in der Mitte zwischen beiden liegt (8:5,2 anstatt 8:5), und ergibt damit nicht nur kein musikalisches Verhältnis gemäß Alberti, sondern auch kein passgenaues Verhältnis im Sinne der von Naredi-Rainer um die Zahl 5 erweiterten Musiktheorie.

Nimmt man auch noch die Willkür bei der Auswahl der Bezugslinien und die ausführungstechnisch bedingten Toleranzen am Bau hinzu, verlieren solche akribisch nachgewiesenen Proportionsstudien noch mehr an Aussagekraft. Trotzdem wurden die Untersuchungen von Naredi-Rainer immer wieder als Beweis für die Autorenschaft Albertis gewertet. Stellvertretend hier ein Zitat von Andreas Tönnesmann: „Den von Julius Schlosser eröffneten und durch Mack neu belebten Prioritäts- und Zuschreibungsstreit halte ich nach den Proportionsanalysen von Naredi-Rainer [...] für erledigt."[71]

Am Rande sei immerhin angemerkt, dass die Verwendung möglichst vieler und möglichst unterschiedlicher Proportionen in einer einzigen Fassade, wie sie Naredi-Rainer als Ausdruck höchster architektonischer Kompetenz nachzuweisen glaubt, durchaus kein Qualitätsmerkmal ist. Normalerweise richtet sich die Anstrengung von Architekten, die mit Proportionssystemen arbeiten, eher auf das Gegenteil, also auf die Zurückführung aller Proportionen am Bau auf *eine* (z. b. den Goldenen Schnitt) oder möglichst wenige Proportionen, deren immer gleiche Anwendung dann ein harmonisches Erscheinungsbild erzeugt, während der ständige Wechsel von Proportionen Gefahr läuft, unruhig und dissonant zu wirken.

Ein alternatives Schema

Von daher ist es fraglich, ob das von Naredi-Rainer unterstellte Proportionsschema überhaupt Entwurfsgrundlage der Fassade des Palazzo Rucellai war oder ob nicht auf der Basis der real vorhandenen Abmessungen auch ein gänzlich anderes Entwurfsschema denkbar wäre, für das nicht zwangsläufig Alberti als einzig möglicher Verfasser bemüht werden müsste. Denn ganz ohne Zweifel kann die Lage der Kreismittelpunkte der Rundbogenfenster exakt im Schnittpunkt der Schauflächendiagonalen – oder die Lage der Fensterunterkanten und der Türoberkante exakt im Diagonalen-Schnittpunkt der Erdgeschoss-Schauflächen – kein Zufall sein! Im Gegenteil ist sie die – genau kalkulierte – Ursache für jene Ausstrahlung perfekter Ausgewogenheit und Harmonie, die diese Fassade vor allen anderen auszeichnet.

Zwar gibt es auch bei dieser Variante Toleranzen und geringfügige Abweichungen, aber es ist letztlich nicht zu klären, ob solche Abweichungen wie z. B. bei der Frieshöhe (über dem Erdgeschoss 1,14 m, über dem ersten Obergeschoss 1,08 m), die bei diesem Schema durchaus eine Rolle spielen, Absicht oder doch nur Toleranzen am Bau sind, die mit bloßem Auge gar nicht wahrgenommen werden können.

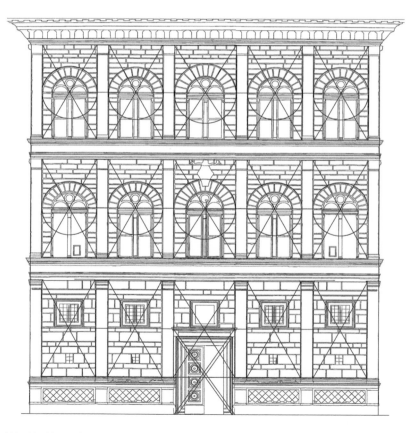

Abb. 83: Alternatives Fassadenschema

Eine Frage der Haltung

Bleibt schließlich die Frage nach der prinzipiellen entwurflichen Herangehensweise, der architektonischen Haltung oder der persönlichen Ausdrucksform, die jedem Werk eines Architekten ein unverwechselbares Gepräge gibt: Könnte Alberti unter diesen Aspekten der Verfasser der Rucellai-Fassade gewesen sein?

Vergleicht man zur Beantwortung dieser Frage die Fassade des Palazzo Rucellai etwa mit der Kirche San Francesco in Rimini, die ja in etwa zur gleichen Zeit entworfen wurde, sind kaum größere Gegensätze denkbar:

- hier wuchtige Massivität – dort fast schon textile Filigranität;
- hier Vereinfachung und Zurückführung auf elementare Grundformen – dort höchste Komplexität durch Überlagerung verschiedener Ebenen und Motive;
- hier das Arbeiten mit Volumen und Plastizität – dort subtilstes Oberflächendesign;
- hier schwerste römische Bauweise – dort toskanische Leichtigkeit.

Extrem verstärkt wird diese dekorative Anmutung noch durch die schon erwähnte materielle Ausführung der Fassade als hauchdünner Tapete (im Gegensatz zu den massiven Steinen des Palazzo Medici), als eine Art Furnier, das auf eine vorhandene, massive Außenwand ‚aufgeleimt' erscheint und auch nur notdürftig um die Ecke an der Via dei Palchetti herumgeführt wird, gerade nur so weit, wie es notwendig war, um bei flüchtiger Betrachtung den Schein einer Massivfassade

Abb. 84: San Francesco, Massivität (links); Palazzo Rucellai, Filigranität (rechts)

Abb. 85: Ecke an der Via dei Palchetti

aufrecht zu erhalten. Passt ein solches Vorgehen zur architektonischen Haltung Albertis in Rimini? Kann ein Architekt gleichzeitig so unterschiedliche Architekturauffassungen in einer Person vereinen? Zumindest müsste dann für Alberti „ein ausgeprägter Pluralismus in der Formensprache"[72] konstatiert werden, wie ihn auch Brenda Preyer irritiert feststellt: „Thus he did not evolve a consistent language of architecture."[73]

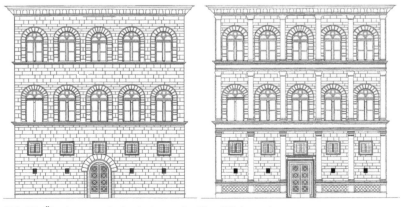

Abb. 86: Überlagerung toskanischer und antiker Stilelemente

Unabhängig davon wirkt die tatsächlich realisierte Fassade des Palazzo Rucellai im Vergleich mit der Medici-Variante merkwürdig ‚overdressed' oder, wie Emil Kaufmann bemerkte, „pictorial and antistructural"[74], eher wie ein kostbarer Schrein, abgestellt in einer ganz anders gearteten, toskanischen Umgebung: ungewohnt, fremd, „looking somewhat out of place"[75] – eine optische Sensation, aber auch so irritierend, dass kein florentinischer Patrizier bei seinem eigenen Neubauprojekt diesem Beispiel folgen mochte.

Vor allem aber: Passt gerade diese spezielle Ausprägung der Fassade zu Alberti? Immer wieder ist ja das Verwenden einer Pilaster-Gebälk-Ordnung, die direkt auf die römische Antike und das Kolosseum verweist, das letztlich ausschlaggebende Argument für Alberti gewesen. Die Frage ist nur: Hätte Alberti, wenn er sich tatsächlich zur Übernahme dieses Motivs entschlossen hätte, (was bei seiner radikalen Adaption antiker Bauformen durchaus denkbar gewesen wäre, wenn auch wahrscheinlich mit den von ihm propagierten Abweichungen in der Höhenstaffelung), diese Übernahme formal und ästhetisch in *dieser* Form umgesetzt? Hätte er sich überhaupt auf die ja zweifelsfrei nachgewiesene direkte Übernahme von so vielen Gestaltungselementen, Abmessungen und Details aus dem Medici-Palast, also aus einem fremden Entwurf, eingelassen, auf diese – je nach Einstellung – gelungene Symbiose oder eklektizistische Stilmixtur aus antiken und toskanischen Bauelementen? War nicht sein ganzes Bestreben gerade auf die Überwindung der zeitgenössischen Baupraxis durch die Rückkehr zur Architektur der römischen Antike gerichtet?

Abb. 87: Variante ohne Rustika

Wenn er aber trotzdem zu dieser ‚Symbiose' bereit gewesen wäre: Hätte er die plastische, dreidimensionale Kolosseum-Fassade tatsächlich als zweidimensionale Projektion auf die schon vorhandene Rustika-Fassade ausgeführt, oder besser: *in* die bereits wie eine gezeichnete Steintapete wirkende Rustika sozusagen ‚eingeritzt'? Oder sie wie eine bedruckte Leinwand oder einen steinernen Vorhang „al modo antico" vor die massive Außenwand gehängt? Hätte eine klassisch-römische Lösung, wenn Alberti tatsächlich der Autor gewesen wäre, nicht eher so ausgesehen?

Abb. 88: Gegenüberstellung von plastischer und flächiger Fassadengestaltung

Allerdings wäre der Palast in dieser Form und an dieser Stelle dann eher eine Art barocker Schatztruhe geworden, die spontane Assoziationen an die erst ein Jahrhundert später – wenn auch unter ganz anderen Voraussetzungen und städtebaulichen Bedingungen – realisierten Palastfassaden etwa in Venedig weckt. Die schlichte Simulation einer räumlichen Überlagerung von Pilaster-Gebälk-Struktur und Rustika-Fassade (anstelle einer fast vollständigen Verschmelzung beider Ebenen) zeigt sehr schön, dass das antike Motiv in diesem Umfeld tatsächlich nur als dekorative Applikation, als fein ziseliertes, wie in ein orientalisches Silbertablett eingraviertes Muster eine ästhetisch befriedigende Lösung bot.

Daher spricht die Übernahme des antiken Motivs in dieser Form erstaunlicherweise gerade *nicht* für Alberti, sondern eher für einen Verfasser mit einer gänzlich anderen architektonischen Haltung und Herangehensweise. Sie zeigt, dass diese Fassade ihren Reiz und ihre bis heute einzigartige Gestaltqualität eben nicht erhalten hat, weil sie von Alberti entworfen wurde, sondern gerade und nur deshalb, weil sie *nicht* von Alberti entworfen wurde!

So weit die provokante These, die im Übrigen noch wesentlich an Überzeugungskraft gewinnt, wenn man die Fassade des Palazzo Rucellai allen drei nachweislich von Alberti entworfenen Gebäuden gegenüberstellt. In diesen drei Gebäuden lässt sich – bei allen Unterschieden im Detail – durchaus eine gemeinsame – und kraftvolle – architektonische Haltung erkennen: Das (!) ist die Architektur des Leon Battista Alberti, die als solche durchaus starke Impulse in das nächste Jahrhundert ausstrahlte, während Nachahmungen des Palazzo Rucellai eher vereinzelt und letztlich für den Gang der Architekturgeschichte wirkungslos geblieben sind.

Abb. 89: Zusammenstellung der Fassaden von San Francesco, St. Andrea und San Sebastiano

Abb. 90: Sturz-Detail Eingangstür Palazzo Rucellai

V
Rätsel und Lösung:
Der verkannte Künstler

Der Einfluss Vasaris

Die Analyse der Fassade des Palazzo Rucellai hat ergeben, dass wenig oder nichts für Albertis Autorenschaft spricht. Eigentlich passt hier nichts zusammen:

- der Stil nicht zu seinen sonstigen Bauten;
- die realisierte Ausführung nicht zu seiner Theorie;
- der Bauherr nicht zu seiner Klientel von Herrscherhäusern;
- die Bauaufgabe (Umbau, Bauen im Bestand) nicht zu seinen Idealkonzepten;
- die wörtliche Übernahme vieler Gestaltungselemente des Medici-Palastes und der toskanischen Tradition nicht zu seiner strikten Rückbesinnung auf die römische Antike.

Wenn aber alle für eine Autorenschaft Albertis angeführten Argumente immer wieder ins Leere laufen oder inzwischen widerlegt wurden (sodass es eigentlich sinnlos erscheint, weiterhin so zäh an Alberti festzuhalten) –, warum wurde dann diese Fixierung, die ja fast ausschließlich auf der Zuschreibung Vasaris beruht, trotzdem beibehalten und derart viel Mühe und Zeit darauf verwandt, die offenkundigen Widersprüche zu erklären, zu interpretieren oder immer aufs Neue wegzudiskutieren? Warum fiel es den Kunsthistorikern so schwer, die naheliegende Alternative, eine Autorenschaft Bernardo Rossellinos in Betracht zu ziehen? Obwohl, wie bei Alberti, auch bei Rossellino zwei Quellen aus dem frühen 16. Jahrhundert existieren, das *Libro di Antonio Billi* und der *Codice Magliabechiano*, die Rossellino als Autor des Palazzo Rucellai benennen: „Fu Bernardo architetto [...] che fecie il modello della casa de Rucellai."[76] Und obwohl Rossellino – nachweislich – einige Jahre später einen Palast mit einer nahezu identischen Fassade baute.

Im Kern geht auch dieses, Rossellino betreffende Vorurteil auf Vasari zurück. Dieser schreibt in seinen *Vite* über das Leben Albertis: „Von der Zeit an jedoch, da Leon Battista nach Rom kam, beriet Rossellino, wie der Papst es verlangte, sich mit ihm über alles, was geschehen sollte, und seine Heiligkeit ließ durch Angabe des einen und Ausführung des anderen viele nützliche und lobenswerte Dinge vollenden."[77] Diese Aussage zur Rollenverteilung zwischen Alberti und Rossellino steht allerdings im Gegensatz zu den vielen kritischen

Äußerungen Vasaris in der gleichen Lebensbeschreibung, in denen er Albertis Qualifikation als Architekt eher abschätzig beurteilt und an mehreren Projekten ganz offen dessen Planungsfehler diskutiert. Ohnehin sei dieser „mehr durch seine Schriften als durch seiner Hände Taten bekannt"[78] geworden. Und sie passt auch nicht zu seinen Äußerungen in der Lebensbeschreibung Rossellinos, in der er berichtet, dass dieser „wegen seiner Geschicklichkeit in der Baukunst sehr von Papst Nikolaus V. geschätzt wurde"[79] und dass sich dieser bei allen seinen Projekten „des Rates und sinnreichen Verstandes von Bernardo Rossellino"[80] bediente.

Allerdings wäre es in gleichem Maße fahrlässig, Vasaris Aussagen *pro* Rossellino unbesehen Glauben zu schenken, wie dies im Fall pro Alberti immer wieder geschehen ist. Denn alle Angaben über die Tätigkeiten von Alberti und Rossellino in Rom beruhen auf Quellen aus zweiter oder dritter Hand. Vasari etwa bezog seine Informationen über die Bautätigkeit Papst Nikolaus V. vor allem aus der Lobschrift des von diesem großzügig geförderten Biografen Gianozzo Manetti, dessen Äußerungen daher mit noch größerer Vorsicht zu genießen sind als die Vasaris selbst. „Kunstgeschichtliche Wahrheit war nicht Manettis Ziel"[81], urteilt auch Charles Randall Mack. So erwähnte er nicht nur Alberti mit keinem Wort, sondern bestand darauf, dass alle Bauprojekte in der Regierungszeit von Nikolaus V. unter der Leitung von Rossellino durchgeführt worden seien, obwohl dieser nachweislich nur zwei Jahre, von Dezember 1451 bis Dezember 1453 als „ingegniere di palazzo" an der päpstlichen Kurie beschäftigt war.

Immerhin zeigt die namentliche Erwähnung und feste Anstellung, dass Rossellino am päpstlichen Hof tatsächlich eine leitende Stellung als Architekt und Bauführer eingenommen haben und auch vorher schon einen bedeutenden Ruf besessen haben muss, um überhaupt dorthin berufen zu werden. Wertschätzung und Bekanntheitsgrad in der Kurie müssen sogar so hoch gewesen sein, dass nach dem kurzen Zwischenspiel von Kalixt III. auch der zweite baubegeisterte Papst Pius II. nur wenige Jahre später Rossellino zu seinem Architekten für die Umgestaltung seiner Geburtsstadt Corsignano (das spätere Pienza) ernannte, zu jener Zeit die größte, teuerste und bedeutendste Bauaufgabe in ganz Italien, während Alberti, der zum Gefolge des Papstes gehörte, von diesem anscheinend gar nicht in Betracht gezogen wurde.

Das Problem Pienza

Doch auch dieses größte Bauvorhaben der damaligen Zeit, das nachweislich von Rossellino geplant und gebaut worden ist, wurde von der Kunstgeschichte nicht *pro*, sondern *contra* Rossellino ins Feld geführt, obwohl der Palast des Papstes, oder besser: die Fassade des Palastes ohne den Vorläufer des Palazzo Rucellai gar nicht denkbar ist.

Abb. 91: Fassaden Palazzo Rucellai (links) und Palazzo Piccolomini (rechts)

Zum einen wurde damit argumentiert, dass Rossellino natürlich den Palazzo Rucellai einfach kopiert haben könnte, weil er als ‚Handlanger' oder ausführender Architekt – hier taucht erneut das alte Vorurteil auf – zu einer solch brillanten Fassadengestaltung gar nicht in der Lage gewesen wäre. Eine andere Gruppe von Kunsthistorikern argumentierte eher umgekehrt: Die Fassade des Palazzo Piccolomini in Pienza erreiche nicht die architektonische Qualität des Originals in Florenz, außerdem sei auch der Gesamtplan ebenso wie viele Details schnell und oberflächlich entworfen und ausgeführt worden, sodass hier eindeutig ein anderer (schlechterer) Architekt als am Palazzo Rucellai am Werk gewesen sein müsse. Im Umkehrschluss hieß das – weil der Name des „anderen" (Rossellino) ja bekannt war –, dass das ‚bessere' Original in Florenz nur von Alberti stammen könne.[82]

Nun ist das kritische Urteil der Kunstgeschichte über die architektonische Qualität des Palazzo Piccolomini in Pienza tatsächlich in

vielerlei Hinsicht berechtigt. Die feine Gravur des Palazzo Rucellai ist
dort einem vergröberten Schema gewichen oder zur Formel erstarrt
wie etwa bei den Füllungen der Rundbögen über den Fenstern, die
wie Fertigteile aufgesetzt wurden und keine organische Verbindung
mehr mit den darunterliegenden Rechteckfenstern und der umgeben-

Abb. 92: Blick von der Piazza auf den Palazzo Piccolomini

den Rustika eingehen. Die Sockelzone wird nur noch auf das Notdürf-
tigste bearbeitet, die Gebälke und das Kranzgesims sind in ihrer plas-
tischen Durchbildung reduziert, desgleichen die Türfassungen. Und
die Rahmen der Rechteckfenster im Erdgeschoss fehlen gleich ganz.
Durch die wesentlich größeren seitlichen Abstände der Fenster untereinander und den dadurch bedingten viel größeren Abstand der Pilaster voneinander, der im obersten Geschoss sogar teilweise zu liegen-
den Proportionen der Schauflächen führt, büßt die Fassade außerdem
die straffe vertikale Ordnung des Palazzo Rucellai vollständig ein,
wirkt eher behäbig und massig. Auch die nach oben hin deutlich
schmaler und kürzer werdenden Pilaster (eigentlich korrekt gemäß
der Theorie) können diese Wirkung nicht mehr verhindern.

An vielen Stellen ist auch der Grundriss nicht zu Ende gedacht
und mit Mängeln behaftet. Warum es z.B. bei einem frei stehenden
Neubau ohne jede Zwänge oder Einschränkungen durch vorhandene

Gebäude oder Grundstücksgrenzen nicht gelungen ist, die Küchen-
räume in das Gebäude zu integrieren, sodass die imposante Garten-
fassade weithin sichtbar durch einen unattraktiven dreigeschossigen
Anbau beeinträchtigt wird, bleibt ein Rätsel. Auch die Gartenloggia
selbst konnte offensichtlich nicht in einen quadratischen Grundriss
integriert werden, sodass die sieben Achsen der Eingangsfront an der

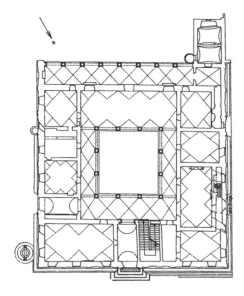

Abb. 93: Erdgeschossgrundriss
Palazzo Piccolomini

Nordseite auf jeweils acht Achsen an der Ost- und Westseite verlängert werden mussten – mit dem unangenehmen Nebeneffekt, dass an
diesen Seiten keine mittige Eingangstür mehr möglich war und deshalb (obwohl ohne Funktion und blind) eine zweite Türöffnung angeordnet werden musste, um die Symmetrie zu gewährleisten. Außerdem wird die achte Achse der Ost- und Westfassade dadurch zu einer
reinen Kulisse, hinter der sich keine Palasträume, sondern nur noch
die offenen Loggien verbergen.

Ein weiteres Rätsel bleibt, warum es nicht gelungen ist, bei jeglicher Grundrissfreiheit wenigstens den Innenhof exakt in der Ge-
bäudemitte zu platzieren. Zusammen mit der erstaunlichen Tatsache,
dass daher auch die Haupteingangstür nicht exakt in der Fassadenmit-
te sitzt, kommt es zu einer höchst unerfreulichen und vor allem unnö-
tigen Anordnung des Zugangs zum Hof, der nicht nur nicht mit der

Abb. 94: Gartenansicht mit Loggia und Küchentrakt

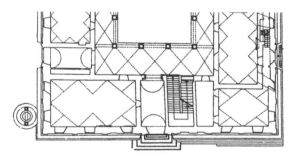

Abb. 95: Eingangsbereich und Hofzugang Palazzo Piccolomini

Lage der zwei nördlichen Säulen des Innenhofs koordiniert ist, sondern auch noch auf einer Seite durch das Haupttreppenhaus eingeengt und zur Seite gedrückt wird. Außerdem war es anscheinend nicht möglich, Grundriss und Fassade so zu koordinieren, dass die Achsabstände der Pilaster an der Ost- und Westfassade im Bereich der beiden Türachsen breiter sind (wie tatsächlich an der Nordfassade und wie auch am Palazzo Rucellai), sondern in Pienza liegen die verbreiterten Schaufelder *neben* den Türöffnungen, während diese selbst eher zwischen die Pilaster eingequetscht erscheinen.

Solche kritischen Anmerkungen ließen sich an vielen Punkten fortführen, aber das Fazit bleibt auch ohne weitere Vertiefung gleich: Der Entwurf des Palazzo Piccolomini in Pienza ist sowohl im Grundriss wie auch in der Fassade kein architektonisches Meisterwerk, er wirkt wie nicht zu Ende gedacht, unter extremem Zeitdruck aus

Abb. 96: Kathedrale in Pienza

bereits vorhandenen Versatzstücken geradezu zusammengeschustert:
Für den Grundriss wurde die um einen quadratischen Säulenhof zentrierte Idealfigur des Medici-Palastes als Vorbild genommen[83] – das
zeigt nicht nur die identische Größe, Form und Säulenanzahl des Innenhofs, sondern auch die Übernahme des Grundrissaufbaus und die
gleiche Seitenlänge beider Paläste von ca. 38 m –, für die Fassadengestaltung wurde das schon vorhandene Muster des Palazzo Rucellai
übernommen, mit Abweichungen und Anpassungen zwar, aber auch
hier lustlos, unengagiert, ohne neue künstlerische Durchdringung.
Ganz offensichtlich fehlte für einen eigenständigen, neu entwickelten
und durchdachten Entwurf die Zeit, es wurde in jeder Hinsicht das

genommen, was schon da war, in der ‚Schublade' sozusagen (wie das auch heute noch Praxis in vielen Architekturbüros ist). Nur dass normalerweise zwischen Entwurf und der endgültigen Genehmigung durch Bauherrn und Behörden eine längere Phase der Überarbeitung liegt, während in Pienza unmittelbar nach der Beauftragung mit den Bauarbeiten begonnen wurde, und zwar nicht nur für den Palast, sondern gleichzeitig auch noch für die benachbarte Kathedrale, die daher in noch stärkerem Maße eine fragwürdige Mischung aus neo-antiker, kalter Marmorfassade und spätgotischer Hallenkirche geworden ist. Hier ging es nicht mehr um architektonische Originalität oder künstlerische Finesse, sondern um das ‚Aus-dem-Boden-Stampfen' von Baumassen innerhalb kürzester Zeit, genauer gesagt, innerhalb von zweieinhalb Jahren bis zur Einweihung von Kirche und Palast. Das war bei dem auch noch stark abfallenden und statisch unsicheren Gelände, bei dem umfangreichste Substruktionen erforderlich wurden, eigentlich eine unmögliche Aufgabe, die das Auftreten von Planungsfehlern und Baumängeln (wie sie sich ja dann auch schon bei der Einweihung der Kirche zeigten) unvermeidlich machten. Allein der logistische Aufwand bei der Materialbeschaffung und der Koordination vieler hunderter Bauhandwerker aus unterschiedlichsten Berufen und an vielen Stellen gleichzeitig muss für heutige Verhältnisse unvorstellbar

Abb. 97: Innenraum Kathedrale

Abb. 98: Rückseite Kathedrale mit Substruktionen

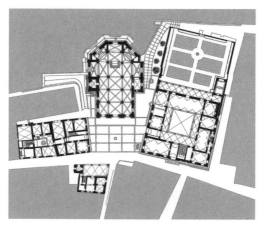

Abb. 99: Platzgrundriss Pienza

gewesen sein. Jan Pieper hat diesen Aspekt in seiner groß angelegten Untersuchung über Pienza ausführlich beleuchtet,[84] auch die unglaubliche organisatorische Leistung, die hier von Rossellino vollbracht wurde, obwohl dieser im zweiten Jahr der Bauarbeiten zusätzlich auch noch zum „Capomaestro" der Kathedrale von Florenz berufen wurde – die größte Auszeichnung für einen Architekten, die die Stadtoberen zu vergeben hatten und die vor ihm auch schon Brunelleschi innegehabt hatte. Ganz offensichtlich stand Rossellino hier im Zenit seiner beruflichen Karriere, aber ebenso offensichtlich musste er dies mit einer starken Einbuße an künstlerischer Qualität der von ihm errichteten Bauten bezahlen.

Bei aller Kritik muss hier aber auch festgehalten werden, dass Rossellino städtebaulich mit der Schaffung des trapezförmigen, zentral am Knickpunkt der Hauptstraße gelegenen Freiraums zwischen Kathedrale, Papstpalast und Bischofssitz einer der schönsten Plätze der Renaissance gelungen ist.

Maestro di Pietra

Wer aber war dieser Rossellino? Und wie und warum kommt er überhaupt als Anwärter auf die Urheberschaft der Fassade des Palazzo Rucellai ins Spiel?

Bernardo Rossellino (geboren 1409 als Bernardo Ghambarelli) stammte aus Settignano, einem kleinen Ort in den Hügeln nördlich von Florenz. Aus den dortigen Steinbrüchen wurde seit Jahrhunderten das Baumaterial für die nahegelegene Stadt gewonnen und mit ihm zusammen erfolgte ein ständiger Zustrom von fähigen Steinmetzen und Bauhandwerkern. Auch Rossellinos Vater Matteo war Steinmetzmeister und besaß einen Steinbruch in der Umgebung. So wuchs der junge Bernardo in der lokalen Tradition der dortigen Steinmetzwerkstätten auf und wurde wie seine vier Brüder von Vater, Onkel und Nachbarn in allen Aspekten des Handwerks ausgebildet. Seinen letzten Schliff erhielt er dann in der Werkstatt des Onkels in Florenz, später vielleicht auch durch seinen ältesten Bruder Domenico, der 1430 als Assistent von Brunelleschi in Lucca an den dortigen Befestigungsanlagen arbeitete.

1433, mit 24 Jahren, war Rossellino bereits als „maestro di pietra" in Arezzo an der Fassade des Palazzo della Fraternita di S. Maria della Misericordia beschäftigt. Es ging um den Weiterbau des bereits 1377 noch in gotischem Stil errichteten Erdgeschosses, und Rossellinos

Abb. 100: Palazzo della Fraternita in Arezzo

Beherrschung der neuen Formensprache der Frührenaissance ist an der Gestaltung des neuen Obergeschosses bereits deutlich ablesbar. (Das zweite Obergeschoss wurde viel später und ohne Mitwirkung Rossellinos hinzugefügt.) Schon bei diesem ersten eigenständigen Projekt trat auch jener Aspekt zutage, der ihn in den nächsten dreißig Jahren zu einer Ausnahmeerscheinung unter den florentinischen Künstlern der ersten Hälfte des 15. Jahrhunderts werden ließ. Seine Hauptaufgabe bei diesem Projekt betraf zunächst die künstlerische Seite der Steinmetzarbeit, also die Schaffung des Reliefs der Madonna della Misericordia über dem Haupteingang sowie der Skulpturen der beiden Heiligen Gregor und Donatus in den seitlichen Nischen. Darüber hinaus musste aber auch das Umfeld der Figuren und die ganze Fassade architektonisch gestaltet und – zusammen mit drei Kollegen aus Settignano – eigenhändig ausgeführt werden. Und schließlich lieferte der junge Rossellino auch noch das Baumaterial, das er aus dem elterlichen Steinbruch bezog. Er trat also in diesem Projekt gleichzeitig als Handwerker, Bauunternehmer, Architekt und Bildhauer in Erscheinung und setzte diese universelle Betätigung – mit wechselnden

Abb. 101: Aranci-Kreuzgang in der Badia von Florenz

Schwerpunkten und mit wachsendem Erfolg – in den nächsten 15 Jahren in Florenz fort.

In der Badia von Florenz arbeitete er von 1436 bis 1438 zusammen mit seinem Onkel Jacopo und seinem Bruder Giovanni als Steinmetz an der Errichtung des sogenannten „Aranci"-Kreuzgangs unter der Oberleitung von Antonio di Domenico, lieferte aber auch diverse Baumaterialien und hatte – zumindest gemäß der Vermutung von Charles Randell Mack – Anteil an der ungewöhnlichen architektonischen Gestaltung. Die horizontalen Wandbereiche über den Bögen der Kreuzgänge wurden hier in beiden Geschossen durch Pilaster in einzelne Felder unterteilt und so das Erscheinungsbild dieses relativ kleinen Hofes entscheidend verändert. Spätestens bei diesem Bauvorhaben wird sich Rossellino auch das konstruktive Knowhow im Mauerwerks- und Gewölbebau angeeignet haben.

Inzwischen hatte er auch seine eigene Werkstatt gegründet, in der seine vier Brüder, diverse Lehrlinge, Gesellen und sonstige Hilfskräfte arbeiteten. Die sich ständig ausweitenden drei Hauptgeschäftszweige waren: Skulptur mit dem Schwerpunkt auf Grabmälern, Steinmetzarbeiten jeglicher Art und Lieferung von Natursteinen aus den eigenen Steinbrüchen. In den 1440er-Jahren, zehn Jahre nach der Gründung, war Rossellinos Werkstatt bereits eine der wichtigsten und meistbeschäftigten Steinmetzbetriebe in Florenz und darüber hinaus ein Zentrum der Steinmetzkunst. Die drei Bildhauer aus Settignano, Rossellino selbst, sein jüngerer Bruder Antonio und sein Schüler Desiderio da Settignano (alle drei in aufeinanderfolgenden Kapiteln bei Vasari beschrieben) repräsentierten in Florenz die Generation zwischen den Meistern der Frührenaissance wie etwa Ghiberti oder Donatello (beide zu der Zeit bereits um die 60 Jahre alt) und den Künstlern der Übergangszeit von der Früh- zur Hochrenaissance wie etwa Andrea del Verrocchio (1435–88). Denn Luca della Robbia (um 1400–81) hatte sich bereits ab 1439 mit seiner Werkstatt der glasierten Keramik zugewandt, stand also für künstlerische Steinmetzarbeiten nicht mehr zur Verfügung, und Andrea Cavalcante (1412–62), der Adoptivsohn Brunelleschis, hatte seine beste Zeit als Bildhauer bereits hinter sich.

Zum Ansehen Rossellinos trugen in den 1440er-Jahren besonders zwei Aufträge aus dem skulpturalen Bereich bei: das Portal der Sala del Consistorio im Palazzo Publico in Siena und das Grabmal des Leonardo Bruni in der Kirche Santa Croce in Florenz. Sie gehören im

Abb. 102: Eingang zur Sala del Consistorio im Palazzo Publico, Siena

Bereich der Skulptur in ihren jeweiligen Genres zu den bedeutendsten Werken der Frührenaissance.

Die Werkstatt Rossellinos war in dieser Zeit aber auch mit Steinmetzarbeiten und Materiallieferungen für das Innere der Kathedrale von Florenz beschäftigt. In diesem Zusammenhang war Rossellino Mitglied in einem Komitee, dem unter anderen auch der damalige „Capomaestro" der Kathedrale, Battista di Antonio, sowie Francesco della Luna und Philippo Brunelleschi angehörten[85] – ein weiteres Indiz dafür, dass Rossellino längst über den Status eines normalen Steinmetzmeisters hinausgewachsen war.

Mack schreibt Rossellino auch noch den Entwurf des zweiten Kreuzgangs der Franziskanerkirche von Santa Croce (nach dem Mäzen Tomasio Spinelli auch „Spinelli-Kreuzgang" genannt) zu – dem vielleicht anmutigsten und schönsten Kreuzgang der Renaissance. Bis heute wird in den Reiseführern immer noch Brunelleschi als Architekt genannt, obwohl dieser schon zwei Jahre vor Baubeginn gestorben und in seinen letzten Lebensjahren vollständig mit anderen Projekten

Abb. 103: Grabmal des Leonardo Bruni, Santa Croce, Florenz

Abb. 104: Kreuzgang Santa Croce, Florenz

ausgelastet war. Michelozzo fiel als Urheber ebenfalls aus, da er als Hausarchitekt Cosimo de Medicis nicht für konkurrierende Patrizier arbeitete und außerdem gerade mit dem Medici-Palast beschäftigt war. So blieben – nach Macks Logik – für eine solche Aufgabe nur Antonio Manetti oder Bernardo Rossellino übrig. Manetti war ein enger Mitarbeiter und Modellbauer Brunelleschis gewesen, bis dato aber noch nicht als eigenständiger Architekt in Erscheinung getreten. Für Rossellino sprach, dass das Eingangstor zum Spinelli-Kreuzgang große Verwandtschaft mit seinem Tor zur Sala del Consistorio in Siena zeigt und auch einige andere Details wie die Kapitelle eindeutig auf seine ‚Manier' hinweisen. Aber ein handfester Nachweis, wer der Architekt des Kreuzgangs war, ist in den Bauakten bis heute nicht auffindbar. In jedem Fall fiel der Beginn der Bauarbeiten am Spinelli-Kreuzgang 1448 genau in die Zeit, in der auch Giovanni Rucellai mit den Planungen für seinen neuen Palast beschäftigt war. Insofern müssen dessen Überlegungen, welchen Architekten und welche Steinmetzfirma er mit der Ausführung beauftragen sollte, die gleichen Auswahl- und Ausschlusskriterien zugrunde gelegen haben wie beim Spinelli-Kreuzgang. Während Alberti zu diesem Zeitpunkt als Architekt noch keine Rolle spielte und außerdem im fernen Rom weilte, bot Rossellino den Vorteil, nicht nur einer der führenden Bildhauer und Architekten in Florenz zu sein, sondern auch noch über eine schlagkräftige Baufirma zu verfügen, die seine Ideen und die Wünsche des Bauherrn direkt in die Praxis umsetzen konnte. Es ist von daher kaum verwunderlich, dass Giovanni sich in diesem Stadium für den – im Übrigen fast gleichaltrigen und auf seinem Gebiet ähnlich erfolgreichen – Mitbürger entschied.

Bildender Künstler und Architekt

Für ein Multitalent wie Rossellino mit seiner außerordentlichen künstlerischen Empfänglichkeit, schnellen Auffassungsgabe und dem schon von Kindesbeinen an in einem Umfeld von Steinmetzen geschulten Blick für dekorative Elemente und Details muss das Florenz seiner Jugendzeit eine unerschöpfliche Quelle der Inspiration und eine einzigartige Mustersammlung der Skulptur und Architektur gewesen sein. Das betraf nicht nur die bereits vorhandenen Bauwerke der florentinischen Protorenaissance, im Besonderen natürlich die Kathedrale und das Baptisterium mit ihrer überwältigenden Fülle von künstlerischem Anschauungsmaterial, sondern gerade auch die erst kürzlich entstandenen oder gerade im Entstehen begriffenen Werke von Brunelleschi, Ghiberti, Donatello, Michelozzo und anderen Vertretern des neuen Stils, die die Wiederentdeckung der Formenwelt der römischen Antike auf ihre Fahnen geschrieben hatten (Rossellino war 1436 bei der Einweihung von Brunelleschis Kuppel der Kathedrale von Florenz 27 Jahre alt). Bei jedem Gang durch die Stadt konnte man Anzeichen dieser „Wiedergeburt" erkennen und sich in der eng begrenzten Szene der Steinmetzwerkstätten über neueste formale Entwicklungen austauschen, wahrscheinlich sogar den einen oder anderen Meister persönlich kennenlernen.

Schon mit seinem ersten eigenständigen Werk, der Fassade des Palastes der Fraternita della Misericordia in Arezzo, zeigte Rossellino, dass er die neuesten formalen Entwicklungen genau verfolgte und in der Lage war, die einzelnen Elemente zu einem einheitlichen Erscheinungsbild zusammenzufügen – auch wenn Einflüsse durch die Skulptur des Kardinals von Toulouse, ein Gemeinschaftswerk von Donatello (Skulptur) und Michelozzo (Rahmung) unverkennbar sind. Beim Aranci-Kreuzgang wiederum lässt die vertikale Strukturierung der Kreuzgangfassaden durch eine zusätzliche Pilaster-Ebene (falls Rossellino tatsächlich für dieses Element verantwortlich gewesen sein sollte) schon an die spätere Überlagerung der Rucellai-Fassade mit einer Pilaster-Gebälk-Struktur denken.

Das Eingangsportal zur Sala del Consitorio in Siena zeigt dann bereits die in den 1440er-Jahren erreichte Meisterschaft Rossellinos bei der skulpturalen wie auch bei der architektonischen Lösung der Aufgabe. Die skulpturale Ausführung glänzt durch Plastizität und Reichtum im Detail, außerdem durch perfekte Steinmetzarbeit bei der Behandlung des Marmors bis in die letzten Feinheiten der um den Türrahmen gelegten Borte aus Blättern und Früchten. Architektonisch gelingt Rossellino mit dem Portal der Durchbruch zu echter Klassizität, sowohl bei der Übernahme und Proportionierung der klassischen Ordnung als auch durch die feine Kannelierung der korinthischen Säulen, die hier zum ersten Mal in der Renaissance auftaucht. Brunelleschi und seine Zeitgenossen versahen zwar ihre Pilaster oft mit Kanneluren, ließen aber die Schäfte der Säulen durchgängig glatt. (Alberti verwendete wenig später kannelierte korinthische Säulen an der Fassade von San Francesco, zitierte dort aber lediglich den nahegelegenen Augustusbogen aus römischer Zeit.) Auch bei diesem Werk gibt es ansonsten Hinweise auf zeitgenössische Quellen, so z. B. die Anordnung der Putti im Fries, die erneut auf den Sockel der Statue des Heiligen St. Louis von Toulouse verweisen, aber Rossellino verschmilzt die verschiedenen Einflüsse zu einer neuen künstlerischen Einheit und schafft damit eines der eindrucksvollsten Eingangsportale der gesamten Renaissance.

Abb. 105: Rossellino, Fassadenausschnitt Arezzo (links) und Donatello, Kardinal von Toulouse (rechts)

Abb. 106: Detail der Eingangstür zur Sala del Consistorio

Abb. 107: Detail Bruni-Grabmal, Santa Croce

Abb. 108: Donatello/Michelozzo, Grabmal des Baldassare Cossa, Baptisterium Florenz (links); Rossellino, Bruni-Grabmal (rechts)

In die gleiche Zeit (1446–48) fällt auch die Ausführung des Grabmals von Leonardo Bruni, Rossellinos vielleicht bedeutendstes skulpturales Werk. Zahlreiche Quellen der Inspiration sind auch für dieses Werk benannt worden, allen voran das Grabmal des Baldassare Cossa von Donatello und Michelozzo. Während der Vorläufer jedoch noch in – je nach Betrachtungsweise – drei bis fünf übereinander gestapelte Teilbereiche zerfällt, besticht die Lösung Rossellinos durch eine perfekte Integration aller skulpturalen Einzelelemente in eine übergeordnete architektonische Form, die schon bald zum Vorbild für die Grabmalarchitektur der Folgezeit wurde. In diesem Werk manifestiert sich noch einmal in aller Deutlichkeit die künstlerische Haltung und Ausrichtung Rossellinos: einerseits konsequent ‚modern‘, also auf die möglichst perfekte Wiederaufnahme oder ‚Renaissance‘ der römischen Antike ausgerichtet; andererseits adaptiv und integrativ, also historische und zeitgenössische Quellen und Vorbilder nicht einfach kopierend, sondern aus ihnen in Kombination mit eigenen Einfällen ein neues Ganzes schaffend. Darüber hinaus war dieses Werk durch ein Faible für formalen Reichtum und den Einsatz dekorativer Elemente geprägt, durch ein Gespür für feinste Oberflächengestaltung und Differenzierung im Detail. Es zeigte, dass sein Schöpfer gleichermaßen in den Sphären der Skulptur und der Architektur zu Hause war.

Alle diese Eigenschaften hätten Rossellino bereits zu diesem Zeitpunkt für den Entwurf der spektakulären Fassade des Palazzo Rucellai prädestiniert: die Übernahme des Kolosseum-Motivs als Zeichen einer konsequenten Ausrichtung am neuen, modernen Stil der Renaissance; die geniale Auflösung oder Verschmelzung klassischer und toskanischer Stilelemente in einer neuen, einheitlichen Gestaltqualität; schließlich die Schaffung einer fein ziselierten, bildhauerisch inspirierten Fassadenoberfläche, deren Ausstrahlung die Menschen bis heute in ihren Bann zieht.

Aber es spricht einiges dafür, dass die bis dahin noch niemals gewagte Übernahme des stellvertretend für die gesamte römische Antike stehenden Kolosseum-Motivs in eine florentinische Palastfassade eines zusätzlichen Anstoßes bedurfte, vielleicht auch einer weiteren Stärkung der künstlerischen Eigenständigkeit und des Selbstbewusstseins.

Das Intermezzo in Rom

Im Herbst 1451 gibt Rossellino die Leitung seiner Werkstatt und die Betreuung seiner elf und zwölf Jahre alten Söhne in die Obhut seines Bruders Antonio und zieht mit seiner Frau und seiner jüngsten Tochter nach Rom, um dort in den nächsten zwei Jahren als „ingegniere di palazzo" zu arbeiten. Eventuell auf Empfehlung des päpstlichen Schatzmeisters Tomasio Spinelli, der den gleichnamigen Kreuzgang von Santa Croce in Florenz in Auftrag gegeben hatte (und der vielleicht von dort Rossellino kannte und schätzte), angelockt aber sicherlich auch durch das immense Bauprogramm, das der neue Papst Nikolaus V. schon kurz nach seiner Ernennung angeschoben hatte.

Der zweijährige Aufenthalt, über den schon am Anfang des Kapitels berichtet wurde (auch über die von Vasari und Manetti verbreiteten Legenden über diesen Aufenthalt), muss sich für ihn in mehrfacher Hinsicht ausgezahlt haben. Zum einen kehrte er als reicher, zumindest aber wohlhabender Mann nach Florenz zurück und investierte anschließend seinen Verdienst in den Ankauf umfangreicher Ländereien im Arno-Tal. Zum anderen hatte er durch seine Zugehörigkeit zum engeren Kreis der Baufachleute des Papstes, vielleicht sogar als einer seiner Berater, eine Reputation als Architekt gewonnen, die ihn nicht nur über die ortsansässigen Kollegen in Florenz hinaushob, sondern letztlich in der Beauftragung für das gigantische päpstliche Bauvorhaben in Pienza und zur Ernennung zum „Capomaestro" der Kathedrale von Florenz gipfelte. Zum Dritten muss der mehrjährige Aufenthalt einen Künstler wie Rossellino mit seiner schnellen Auffassungsgabe, seiner Empfänglichkeit für neue Eindrücke und seiner langjährigen Erfahrung auf allen Gebieten der Skulptur und Architektur in seiner weiteren Entwicklung nachhaltig beeinflusst haben. Die tägliche Begegnung mit den gewaltigen antiken Monumenten und die konkrete Auseinandersetzung mit der historischen Bausubstanz während der Renovierungsarbeiten, etwa an der Kirche S. Stefano Rotondo,

Abb. 109: S. Stefano Rotondo, Rom

konfrontierten ihn mit einem baulichen und städtebaulichen Maßstab, gegen den die Gebäude seiner Heimatstadt – von der Kathedrale einmal abgesehen – fast zierlich und verspielt gewirkt haben müssen. Im alten Rom, das aus den Trümmern und Ruinen immer noch deutlich hervortrat, hatte eindeutig ein anderer Geist, eine völlig andere architektonische Haltung geherrscht.

Ohne Zweifel wird Rossellino diese Eindrücke in den Jahren, in denen er in unmittelbarer Nähe der antiken Monumente gearbeitet hat, auch künstlerisch verarbeitet haben. Daher kann bei seinen zwischenzeitlichen Besuchen in Florenz, die schon wegen notwendiger Absprachen über den Fortgang seines Werkstattbetriebs notwendig gewesen sein müssen, durchaus ein Umdenkungsprozess begonnen

Abb. 110: Maxentius-Basilika in Rom

haben und in diesem Zusammenhang auch eine Überarbeitung der anfangs noch als Replik des Medici-Palastes geplanten Fassade des Palazzo Rucellai nach antiken Vorbildern erfolgt sein. Oder er kann zumindest begonnen haben, die stilistischen und formalen Elemente, mit denen er bereits vor seiner Romreise beim Tabernakel für San Egido experimentiert hatte, jetzt in den vielfach größeren Maßstab einer kompletten Palastfassade zu übertragen. Allerdings wird die proportionale Einbindung in die bereits vorhandene Grundstruktur keine einfache Aufgabe gewesen sein und einige Zeit und etliche Versuche in Anspruch genommen haben. Und sicherlich kamen ihm am Ende auch Glück und maßliche Koinzidenzen zu Hilfe, sodass bei irgendeinem erneuten entwurflichen Anlauf auf einmal ein überwältigend

Abb. 111: Rossellino, Tabernakel San Egidio, Florenz, Ausschnitt, 1451

Abb. 112: Schaufläche Palazzo Rucellai, Ausschnitt

harmonisches und in seiner Art neues und einzigartiges Ergebnis in Erscheinung trat.

Ohnehin widerspricht die Vorstellung, dass die Fassade des Palazzo Rucellai von vorneherein in der auf uns gekommenen Form „al modo antico" entworfen wurde – aus einem Guss sozusagen oder aus einem einzigen, kreativen Schöpfungsakt entsprungen –, jeder gängigen Entwurfspraxis. Im Gegensatz zu der Art und Weise, wie die Fassade in der kunstgeschichtlichen Betrachtung immer als fertiges Bild, als in der Zeit erstarrtes Artefakt, als Gegebenes, nicht als Gewordenes rezipiert wurde, durchläuft in der Realität jeder Entwurf – und noch dazu eine solch komplexe Komposition wie in diesem Fall – einen längeren, oft sogar jahrelangen Entwicklungsprozess, kurz: Jedes kreative Produkt, das dem unbefangenen Betrachter nach seiner ‚Geburt' so selbstverständlich und perfekt entgegentritt, hat in der Regel eine lange Vorgeschichte.

Im Übrigen war auch Giovanni Rucellai im Sommer 1450 – als die ursprünglichen Planungen für den Palast längst abgeschlossen waren und wahrscheinlich schon mit dem Bau begonnen worden war – in Rom gewesen. Anlass war aber nicht etwa ein Treffen mit Alberti (der Name taucht in seinen Aufzeichnungen nicht auf), sondern das vom Papst ausgerufene „Heilige Jahr", in dem allen Pilgern bei ihrem Besuch in Rom unter bestimmten Auflagen der Erlass ihrer Sünden versprochen wurde. Dort angekommen interessierte sich Giovanni nicht nur für die antiken Bauwerke, die er in seinem Tagebuch mit den Worten „della bellezza e antichaglia di Roma"[86] beschreibt, sondern auch für zeitgenössische Bauten wie das Wohnhaus des Papstes, für zahlreiche Grabmäler und Reliquien oder für den Wohnsitz des französischen Kardinals, den er als ein „murata alla moderna, bella et gentile casa"[87] beschreibt. Von daher dürfte es für Rossellino kein Problem gewesen sein, seinem Bauherrn nach dem Besuch in Rom die Übernahme römischer Reminiszenzen in die Palastfassade verständlich und schmackhaft zu machen.

Die Fertigstellung der Fassade

Im Dezember 1453 quittierte Rossellino seinen Dienst am päpstlichen Hof in Rom (letzter Eintrag in den Kassenbüchern), blieb dort aber noch bis zur Geburt seines Sohnes im Frühjahr 1454; vielleicht führte er auch noch einige kleinere Aufträge für Giovanni de Medici aus. (In den Archiven fehlt bis 1457 jeder Hinweis auf seinen Aufenthalt und seine Tätigkeit.) Was mag ihn zur Aufgabe der lukrativen Stellung in Rom bewogen haben? Wartete in Florenz vielleicht ein noch wichtigerer Auftrag auf ihn, etwa die Errichtung der Fassade des Palazzo Rucellai? Immerhin stand nach dem Abriss und Neubau der Hofbebauung 1450–51, dem Abriss und Neubau der Säle an der Straßenfront 1452–53 und dem Neubau des Treppenhauses und der Ecke an der Via dei Palchetti, also nach insgesamt ca. vier Jahren Bauzeit, jetzt als letzter Punkt die Fertigstellung der Fassade auf dem Programm. Deren Ausführung sprengte ohne Zweifel den Rahmen der üblichen Steinmetz-Routine und erforderte ein Höchstmaß an Planung, Überwachung und Organisation. Schließlich handelte es sich um fast 400 qm feinster Steinmetz- und Bildhauerarbeit, bei der über 80 Tonnen Naturstein mit extremer Präzision und Maßgenauigkeit verarbeitet werden mussten. Die Teileliste umfasste:

- 18 Pilaster
- 18 Kapitelle
- 18 Basen
- 18 lfd. m Kranzgesims
- 36 lfd. m Gebälk mit kleinteiligem Binnenschmuck
- 10 Fensteröffnungen mit jeweils einer Mittelsäule und zwei Halbsäulen in den Laibungen, bekrönt von einer Art Mini-Architrav
- 18 lfd. m Sockelbank
- 18 lfd. m Spaliera (Rückenlehne als opus reticulatum)
- 5 quadratische Fenstergewände im EG
- 1 aufwendig gestaltete Türeinfassung
- über 700 einzelne Fassadenplatten, jede ein Unikat,
- Wappen und emblematischer Schmuck über dem Mittelfenster des ersten OGs.

Und jedes einzelne Teil musste millimetergenau aufgezeichnet, ausgehauen, zurechtgeschliffen und nach präzisen Angaben an Ort und Stelle eingesetzt werden – selbst kleine Freiheiten und Abweichungen wie an normalen Fassaden, wo genormte Blöcke einfach vom Stapel genommen und in Reihe verlegt wurden, waren hier nicht möglich. Das erforderte tatsächlich tägliche Kontrolle durch einen Baumeister,

Abb. 113: Kapitellvariante 1. OG, Rucellai-Fassade

der jedes Detail kannte und stets den Gesamteindruck im Kopf und im Blick hatte. Unabhängig davon muss es für diese bis ins Einzelne durchkomponierte Fassade – keine Schaufläche gleicht der anderen – bereits vor Beginn der Arbeiten eine exakte und maßstabsgerechte Ausführungszeichnung gegeben haben.[88]

Die Rede ist allerdings bislang nur von den fünf Feldern der ursprünglichen Palastfassade. Dass diese – in Abweichung von den heute vorhandenen sieben Feldern – nicht nur separat geplant, sondern auch unabhängig von der späteren Erweiterung gebaut wurde, haben umfangreiche stilistische und bautechnische Untersuchungen von Brenda Preyer und Piero Sanpaolesi gezeigt. Auch die Tatsache, dass der letzte Pilaster auf der rechten Seite nur bis zur Fuge zwischen den beiden Gebäudetrennwänden reicht, also tatsächlich an der Grundstücksgrenze endet, zeigt, dass die Fassade bereits im Bau war, als Giovanni noch nicht davon ausgehen konnte, jemals das östlich angrenzende Nachbarhaus in seinen Besitz zu bringen. Hätte es diese Option schon gegeben, wäre der Pilaster mittig vor die beiden Trennwände gesetzt worden und dadurch die Lage des angrenzenden Fensters im neuen Nachbarzimmer verbessert worden. (Im Übrigen hätte

Abb. 114: Koordination von Grundriss und Fassade mit fünf und mit sieben Feldern

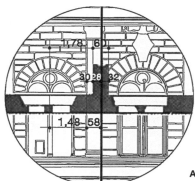

Abb. 115: Ausschnitt von Abb. 114, 6. Achse

sich das Problem der Koordination von Innen und Außen bei der geplanten zweiten Fassadenerweiterung auf acht Felder noch verschärft, da im Fall der Realisierung das nächste Fenster bereits in der Gebäudetrennwand gelegen hätte.)[89]

Aber auch die Arbeiten an den ursprünglichen fünf Feldern dürften aufgrund der aufwendigen Detaillierung und je nach Anzahl der zur Verfügung stehenden Steinmetze bis zu zwei Jahren gedauert haben, also eventuell bis 1456. In die Folgezeit – oder in eine Phase, in der die Arbeiten schon sehr weit fortgeschritten waren, platzte jedoch die Nachricht vom plötzlichen Tod des Nachbarn Jacopantonio Rucellai – und die Karten wurden noch einmal neu gemischt.

Abb. 116: Idealisierter Blick von der Loggia auf den Palast (Fotomontage)

VI
Etappe und Ziel:
Unverhofftes Glück

Expansionen

Die potenzielle Erweiterung des Palastareals um fast 50 Prozent, die durch eine Laune des Schicksals möglich geworden war, schien nun auf einmal die Chance zu eröffnen, all die zu Beginn der Planung durchgespielten Varianten für einen optimalen Palastgrundriss doch noch verwirklichen zu können. Für diese Aussicht war Giovanni nicht nur bereit, noch zwei Jahre zu warten, bis die Erbschaftsangelegenheiten geregelt waren und er die Erben überzeugen konnte, Grundstück und Gebäude an ihn zu verkaufen, sondern er zahlte auch den weit überhöhten Kaufpreis von 1000 Florin – ein anderer Interessent hatte bereits 700 Florin geboten –, um in jedem Fall alle Konkurrenten aus dem Feld zu schlagen. Und das, obwohl ihm klar war, dass er die gesamte vorhandene Altbausubstanz vollständig würde einreißen müssen, um für eine Palasterweiterung auf allen Etagen neue Räume mit durchgängig neuen Fußbodenhöhen und Raumzuschnitten zu schaffen. Auf einmal schien es möglich, den Innenhof doch noch um den fehlenden Säulengang an der Ostseite zu ergänzen, die große Halle nach Osten zu erweitern und im ersten Obergeschoss zusätzliche Räume mit Fenstern zum Hof anzuordnen. (s. Abb. rechts)

Bei näherer Betrachtung stellte sich jedoch heraus, dass durch die bereits realisierte ‚kleine Lösung‘ Fakten geschaffen worden waren, die – wenn man den gerade erst fertiggestellten Palast nicht erneut komplett umbauen wollte – eine optimale Lösung für das größere Grundstück nicht mehr zuließen. Das Hauptproblem war die Lage

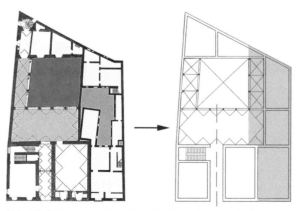

Abb. 117: Bestand 1457 und mögliche Grundrisserweiterung

des Eingangs und des Hofzugangs im Zentrum der 5-Felder-Fassade. Eine einseitige Addition von zwei weiteren Feldern hätte den symmetrischen Aufbau der Fassade sofort zerstört. Der Eingang hätte also um ein Feld nach Osten verschoben und in dem Zuge auch die angeschlossene Loggia bis an die neue Grundstücksgrenze erweitert werden müssen. Aber diese einfache und logische Lösung war jetzt leider nicht mehr möglich, weil das Eingangsfeld (in der bereits ausgeführten Fassade) 36 cm breiter war als die normalen Felder. Außerdem wäre der gerade neu eingewölbte große Saal neben dem Durchgang im Erdgeschoss durch die Verschiebung des Zugangs zerstört worden. Und auch der Innenhof hätte weiterhin nicht im Zentrum gelegen.

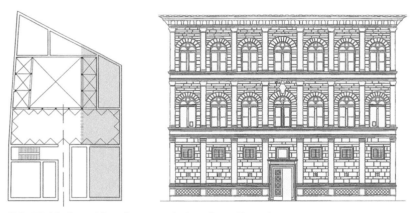

Abb. 118: Idealgrundriss mit symmetrisch ergänzter Fassade

Die andere Lösung des Symmetrie-Problems – ein zweites Portal – war kaum weniger problematisch. Denn im Gegensatz zur ersten Variante waren hier zur Erreichung der Symmetrie eigentlich drei zusätzliche Felder erforderlich, die neu gewonnene Fassadenfläche reichte jedoch nur für zwei. So kam es zu der ungewöhnlichen Fortsetzung der Natursteinverblendung über das zweite Feld hinaus bis an die neue Grundstücksgrenze unter Inkaufnahme der hässlichen Abbruchkante, die für jedermann sichtbar Giovannis Absicht (aber auch die Notwendigkeit) signalisierte, auch das angrenzende Grundstück bei der nächsten sich bietenden Gelegenheit in seinen Besitz zu bringen.

Auf der Grundrissebene machte allerdings ein zweites Portal mit einem weiteren Durchgang ebenso wenig Sinn wie die Verschiebung des Durchgangs in der ersten Variante: Der neue Gang wäre eigentlich

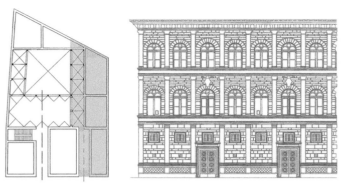

Abb. 119: Idealgrundriss und Fassadenerweiterung mit zweitem Portal

funktionslos gewesen, hätte mit einem Knick am äußersten Ende der Loggia geendet und darüber hinaus den möglichen neuen Saal im Erdgeschoss zerschnitten.

Angesichts dieser Alternativen war es nicht verwunderlich, dass keine dieser Varianten umgesetzt wurde. Zwar wurde tatsächlich ein neues Portal gebaut, aber es führte direkt in zwei große, hintereinanderliegende Säle mit anschließendem Treppenhaus. Diese einfache Ergänzung setzte sich auch in den Obergeschossen fort, nur dass in diesem Zuge im ersten Obergeschoss tatsächlich jener auskragende Gang (Verone) zum Innenhof gebaut wurde, von dem in dem 1462er-

Abb. 120: Bestand 1457 und tatsächlich realisierte Erweiterung

Testament von Giovanni die Rede ist. Er diente als kürzere Verbindung zwischen der Küche und den neuen Räumen. Ob diese neuen Räume überhaupt benötigt wurden, bleibt eine offene Frage. Der Haushalt der Rucellais war mit der Geburt des letzten Sohnes Bernardo nicht mehr weiter gewachsen, und die Familie hatte sich offensichtlich in dem bestehenden Palast eingerichtet. Zwingend erforderlich wurde der Ankauf des Nachbargrundstücks aber trotzdem: Er ermöglichte die Verbreiterung der Straßenfassade als Fassung des neuen, größeren Platzes vor dem Palast.

Loggia und Piazza

Der plötzliche Tod des Nachbarn Jacopantonio Rucellai war nämlich nicht das einzige Ereignis, das 1456 die Bautätigkeit Giovannis an seinem Familiensitz noch einmal auf eine neue Maßstabsebene hob. Ein weiterer entfernter Verwandter, Ugolino di Francesco Rucellai, schenkte Giovanni im April des gleichen Jahres seinen Laden an der gegenüberliegenden Einmündung der Via del Purgatorio in die Via della Vigna Nuova „zu Ehren der Familie" und erlaubte ihm auch, diesen zusammen mit dem darüberliegenden Geschoss zu einer funktionierenden Stadtloggia umzubauen.

Viel wichtiger war jedoch, dass Giovanni damit auch Zugriff auf das dahinterliegende Grundstück seines Verwandten bekam. Zwar musste er auch hier noch bis 1461 warten, bis auch die Witwe Ugolinos gestorben war, und sich anschließend auch noch mit den Erben auseinandersetzen, aber Ende 1463, als die Arbeiten an der Palasterweiterung vielleicht schon abgeschlossen waren, war schließlich das gesamte Areal vor dem Palast in seinem Besitz. Unmittelbar danach begann der Abriss des gegenüberliegenden Gebäudes und im folgenden Jahr starteten bereits die Bauarbeiten für die neue, wesentlich größere und repräsentativere Loggia, die auch heute noch an gleicher Stelle zu besichtigen ist.

Die zurückgesetzte Lage der Loggia zeigt zudem, dass Giovanni nicht nur Raum für eine möglichst große, repräsentative Piazza vor seinem Palast schaffen wollte, sondern weiterhin fest entschlossen war, dessen Fassade auf das nächste, östlich angrenzende Grundstück auszudehnen. Nachdem ihm bisher schon so viele glückliche Zufälle zu

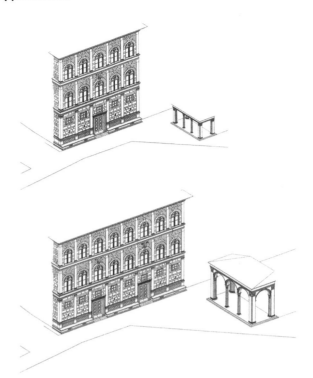

Abb. 121: Ursprüngliche Loggia 1457/58 (oben);
Zweite Loggia mit erweitertem Palast und Piazza 1466 (unten)

Hilfe gekommen waren, schien es nur noch eine Frage der Zeit zu sein, bis auch das letzte Puzzleteil in seinen Besitz gelangen würde. Die nochmals erweiterte Fassade hätte dann allerdings endgültig nichts mehr mit dem Innenleben des ursprünglichen Palastes zu tun gehabt.

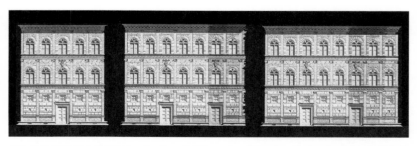

Abb. 122: Erweiterungsstufen der Rucellai-Fassade mit idealem Endzustand (acht Felder)

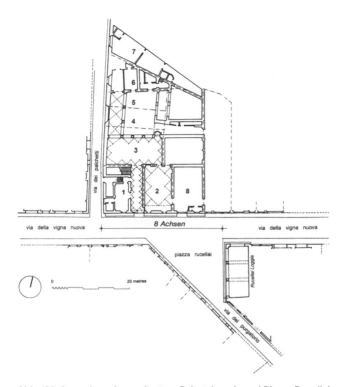

Abb. 123: Lageplan mit erweitertem Palast, Loggia und Piazza Rucellai

Tauwetter

Während dieser Phase groß angelegter baulicher Expansion gelang Giovanni noch ein dritter Coup: Im November 1461 konnte er die Verlobung seines jüngsten Sohnes Bernardo mit Nannina, der Enkeltochter Cosimo de Medicis bekanntgeben. Nach 27 langen Jahren war die Zeit der politischen Ächtung vorbei. Wie damals üblich, handelte es sich – Bernardo war zu dem Zeitpunkt erst dreizehn Jahre alt – um eine arrangierte Verbindung, welche von langer Hand und über verschiedenste Kanäle eingefädelt worden war und die letzten zwanzig Lebensjahre Giovannis noch einmal einschneidend veränderte. Ab jetzt gehörte er offiziell zu den führenden Persönlichkeiten der Stadt, wurde mit höchsten Ämtern betraut und stand in engstem Kontakt mit der herrschenden Familie von Florenz – besonders als Bernardo nach seiner Heirat fünf Jahre später eine enge Freundschaft mit dem jüngeren Bruder seiner Frau, dem fast gleichaltrigen Lorenzo de Medici, schloss, der ab 1469 für dreiundzwanzig Jahre die Geschicke der Stadt lenkte.

Pünktlich zur Hochzeit am 8. Juni 1466 erfolgte die Fertigstellung der neuen Rucellai-Loggia. Für die mehrere Tage andauernden Festlichkeiten wurde die Via della Vigna Nuova zwischen Palast und Loggia gesperrt und die neue Piazza in einen reich dekorierten Festsaal unter freiem Himmel verwandelt, geschmückt mit kostbaren Vorhängen, Teppichen und den Fahnen und Emblemen der Rucellai und der Medici. Allein die Kosten für Speisen und Getränke erreichten die gewaltige Summe von 6000 Florin, den dreifachen Jahresertrag des Landgutes Poggio a Caiano, und in der gegenüberliegenden Gasse (Via del Purgatorio) standen über 50 Köche mit ihren Helfern in einer Art Open-Air-Küche bereit, immer neue Speisen zuzubereiten.

Abb. 124: Palast, Loggia und Platz heute

Ohne Zweifel markierte dieses Ereignis einen Höhepunkt im Leben des Giovanni Rucellai: Die langen Jahre der Ächtung und des Ausschlusses aus dem politischen Leben durch die Medici hatten mit der nun vollzogenen Heirat ihr endgültiges Ende gefunden, kommerzieller Erfolg und Reichtum hatten ihren Zenit erreicht, Erbe und Nachkommenschaft waren gesichert und sein Familiensitz mit Piazza und Loggia war (fast) vollendet und bildete einen neuen, unlösbar mit dem Namen Rucellai verbundenen städtebaulichen Glanzpunkt.

Auch mehr als 500 Jahre später hat dieser Glanzpunkt nichts von seinem Reiz verloren.

Abb. 125: Rucellai-Emblem

Epilog
„Perchosso dala Fortuna" – Schicksalsschläge

Giovanni hatte hoch gepokert, als er die um zwei Felder erweiterte Fassade nicht ordnungsgemäß mit dem letzten Pilaster enden ließ, sondern auf dem verbliebenen Streifen seines Grundstücks bereits die Anfänge des achten Feldes ausführen ließ und dadurch unmissverständlich die Absicht signalisierte, um jeden Preis auch das Nachbargrundstück in seinen Besitz zu bringen, in dem noch sein entfernter Verwandter Giovanni d'Antonio Rucellai wohnte. Doch dieses Mal verfehlte seine wenig subtile Strategie ihr Ziel: Der erboste Nachbar blieb bei seiner Weigerung, zu verkaufen und sich aus seinem Haus vertreiben zu lassen. Im Gegenteil ließ er in seinem Testament von 1470 extra eine Passage einfügen, die auch seinen Erben ausdrücklich den Verkauf oder die Vermietung des Hauses verbot.[90] So blieb es nicht nur im Inneren des Palastes bei der bis dahin erreichten Größe, sondern auch die endgültige Vollendung der Fassade war für immer blockiert. Das letzte Spiel um den Palast verlor Giovanni.

Aber es sollte nicht die einzige und auch nicht die schwerste Niederlage bleiben. Für einen Mann, der so viele seiner Standesgenossen durch politische Ungnade, geschäftlichen Ruin oder durch die immer wieder aufflammenden Ausbrüche der Pest hatte straucheln oder zugrunde gehen sehen, während er selbst alle Gefahren und Rückschläge nicht nur überlebt hatte, sondern durch äußerst geschicktes Navigieren zu einem der reichsten und angesehensten Bürger von Florenz aufgestiegen war; für einen Mann, der alles erreicht hatte und deshalb wie viele seiner Zeitgenossen glaubte, dass das Schicksal durch umsichtige Lebensführung, Verstand und Vorsicht („il buono ghoverno, il senno e il prudenza"[91]) gemeistert werden konnte und dessen persönliches Emblem daher das durch günstige Winde prall gefüllte Segel war, kam der Absturz brutal und unerwartet. Beginnend mit dem Bankrott seiner Bankfiliale in Pisa durch Misswirtschaft des dortigen Geschäftsführers im Januar 1474 und verstärkt durch andere geschäftliche Rückschläge und Kreditausfälle, stand er innerhalb eines Jahres mit seiner gesamten Firma am Rande der Zahlungsunfähigkeit. Schon im Mai 1474 musste er, um seine Gläubiger zu befriedigen, das prächtige Landgut Poggio a Caiano, das er einst von seinem Schwiegervater Palla Strozzi erworben hatte, an die Medici verkaufen – am Rande oder eigentlich jenseits der Legalität –, denn die Einkünfte waren teilweise noch an die Bankiersgilde verpfändet.[92] Die Medici halfen auch im Juli mit weiteren 1000 Dukaten für die Rückzahlung einer Einlage der Kirchengemeinde von San Paolo in Rom und sorgten dafür, dass Giovannis dringender Bitte um Steuererleichterung im August 1474 an die Signoria (Stadtregierung) stattgegeben wurde. Alle Barmittel waren dahin, und noch 1479 musste er einen Großteil seines Einkommens aus dem Familiengut Quaracchi verpfänden und konnte ein Darlehen von 320 Florin an die Kirche von Santo Spirito nur in Naturalien (Getreide) begleichen.[93]

Es waren bittere Jahre für Giovanni, der für die damalige Zeit mit 71 Jahren bereits ein sehr alter Mann war (die durchschnittliche Lebenserwartung lag – auch wegen der Pest – bei 28 Jahren), doch durch seine ungewöhnliche Zähigkeit und Energie konnte er den vollständigen Niedergang seines Hauses vermeiden. Sein Palast und sein geliebtes Landgut Quaracchi (auch wenn dessen Einnahmen verpfändet waren) blieben im Besitz der Familie. Die Fassade von Santa Maria Novella war schon vorher, 1470, durch seine immensen Geldzuwendungen (ohne die er vielleicht gar nicht in seine prekäre finanzielle Lage gekommen wäre) fertiggestellt worden und trug weithin für alle Passanten sichtbar den Namen ihres Mäzens, auch sein eigenes Grabmal in San Pancratio war bereits vollendet. Ein Trost war auch die Verlobung seines erst sieben Jahre alten Enkels Cosimo di Bernardo mit der noch jüngeren Tochter von Gabriello Malaspina, dem Spross eines alten florentinischen Adelsgeschlechts, im Jahr 1477 – eine Verbindung, die Lorenzo de Medici persönlich arrangiert hatte und die der Rucellaifamilie nicht nur den Zugang zu den adligen Kreisen, sondern auch eine höchst willkommene und hilfreiche Mitgift von 4000 Florin verschaffte.

Im Übrigen ging es aber auch – im gleichen Jahr, in dem Giovannis geschäftlicher Absturz begann – mit der Medici-Bank steil bergab. 1474 entließ Papst Sixtus IV. die Medici als Hausbank der Kurie, zwei Jahre später entzog er ihnen auch noch die lukrativen Alaun-Schürfrechte in Volterra und vergab sie an ihren schärfsten Konkurrenten in Florenz, die Pazzi-Familie. Ein Jahr später, 1477, brach auch die Medici-Bank in Pisa zusammen, und im Jahr darauf endete die berüchtigte Pazzi-Verschwörung mit der Ermordung von Giuliano, dem jüngeren Bruder von Lorenzo de Medici, der selbst nur knapp dem Anschlag entging. Zwei Jahre später, auch aufgrund des daraufhin ausgebrochenen Krieges zwischen Florenz und der vereinigten Streitmacht des Papstes und Neapels, stand die Medici-Bank zum ersten Mal vor dem Ruin, den Lorenzo nur durch den Griff in die Staatskasse abwenden konnte.

Es waren insgesamt schwere Zeiten für die Florentiner Kaufleute und Fabrikanten, denn die Rezession in der zweiten Hälfte des 15. Jahrhunderts erfasste keineswegs nur die Rucellai und die Medici. Kulturell jedoch erlebte Florenz unter Lorenzo de Medici eine beispiellose Blütezeit, die alle Widrigkeiten der realen Welt überstrahlte und noch heute unser Bild der Renaissance prägt. Viele der berühmtesten Künstler lebten und arbeiteten in dieser Zeit in Florenz: Leonardo da Vinci (1452–1519) etwa lernte und arbeitete von 1470–77 in der Werkstatt von Andrea del Verrocchio (1435–1488), zusammen mit anderen Schülern wie Perugino (1445/48–1523) und Domenico Ghirlandaio (1448–94); Michelangelo (1475–1564) wurde 1489, mit 14 Jahren, in die Kunstschule Lorenzo de Medicis aufgenommen und gehörte drei Jahre zu dessen Haushalt, und auch Sandro Botticelli (1445–1510) wurde besonders von Lorenzo gefördert.

Lorenzo „Il Magnifico" unterstützte jedoch nicht nur die schönen Künste, sondern prägte auch das geistige Leben seiner Stadt, indem er einen Kreis von Humanisten und Philosophen um sich scharte, unter anderen Giovanni Pico della Mirandola, Angelo Poliziano, Giorgio Trissino und den Neu-Platoniker Marsilio Ficino. In diesem Zusammenhang taucht auch der Name Rucellai noch einmal auf: Als Lorenzo 1492 mit nur 43 Jahren starb, öffnete sein Schwager und enger Vertrauter Bernado Rucellai, der Sohn Giovannis, der inzwischen zusammen mit seiner Frau Nannina ein weiteres Gebäude an der Via della Scala erworben hatte, die Gärten hinter seinem Haus, damit die Mitglieder der Gruppe, zu der zeitweilig auch Niccolo Machiavelli gehörte, dort ihre Diskussionen über Philosophie, Literatur, Rhetorik und die Errungenschaften der Antike insgesamt fortsetzen konnten. Als „Orti Oricellari" (Rucellai-Gärten), geschmückt mit Säulen, Statuen, einer Grotte und vor allem mit der Kolossalstatue des trinkenden Polyphem ziehen diese bis heute Besucher aus aller Welt an.

Aber das ist eine andere Geschichte...

Abb. 126: Kolossalstatue des Polyphem in den Rucellai-Gärten, Florenz

Anhang

Anmerkungen

1 Vasari 1983, Band II, 1. Teil, S. 348
2 Schlosser 1929
3 Mack 1972
4 Mack 1974, S. 520
5 Preyer 1981, S. 157
6 Fischer, Oliver. „Das Beste aller Feste", S. 55
7 Mesenhöller, Mathias. „Ein guter Platz für Geschäfte", S. 22
8 Perosa, Alessandro. „Lo Zibaldone di Giovanni Rucellai"
9 Preyer 1981, S. 204
10 Kent 1981, S. 39 sowie 54/55. Vgl. auch: Preyer 1981, S. 203
11 Vasari 1983, Band II, 1. Teil, S. 209
12 Preyer 1981, S. 202
13 Ebenda, Documents, Nr. VI, S. 211 oben
15 Ebenda, S. 258 ff., Plate 19 oben
16 Ebenda, S. 167/68
17 Ebenda, S. 204/205; s. auch S. 175 unten
18 Mack 1974, S. 522 unten
19 Preyer 1981, S. 202
20 Ebenda
21 Ebenda, S. 216
22 Vitruv, Ausgabe Fensterbusch 1996, S. 107
23 Ebenda, S. 103
24 Alberti, Lücke 1975, 4. Band
25 Fischer, Alberti 2012, S. 60
26 Mack 1974, S. 519, Anmerkung 12
27 Die gesamte folgende Passage ist der Monografie des Autors über Alberti (Fischer, Alberti 2012), S. 69–70 entnommen.
28 Vasari 1983, S. 348
29 Mack 1974, S. 518, Anmerkung 10
30 Tavenor 1998, S. 80
31 Fischer, Alberti 2012, S. 69
32 Preyer 1981, Anhang S. 216
33 Kent 1981, S. 51 unten
34 Ebenda, S. 41
35 Bätschmann, Alberti 2000
36 Ebenda
37 Alberti 1962

38 Die Passage über den Dichterwettbewerb ist der Monografie des Autors über Alberti (Fischer, Alberti 2012), S. 47 entnommen.

39 Alberti, Theuer 1991, S. 290

40 vgl. Fischer, Alberti 2012

41 Grayson 1960, S. 152

42 Fischer, Alberti 2012, S. 65

43 Die Passage über die Schiffsbergung ist der Monografie des Autors über Alberti (Fischer, Alberti 2012), S. 53 entnommen.

44 Alberti, Theuer 1991, S. 488

45 Ebenda

46 Vitruv, Ausgabe Fensterbusch, 1996, S. 639, Anmerkung 13

47 Alberti, Theuer 1991, S. 132

48 Ebenda, S. 521

49 Preyer 1981, 258 ff., Plate 25. Entnommen aus: Sanpaolesi, Piero. „Precisazioni sul Palazzo Rucellai". *Palladio Nr. 13* (1963), S. 61–66

50 Alberti, Theuer 1991, S. 520

51 Fischer, Alberti 2012, S. 162/63

52 Ebenda, S. 180. Neue Übersetzung des lateinischen Originals anstelle der Übersetzung von Theuer in: Alberti, Theuer 1991, S. 492

53 Ebenda, S. 190

54 Alberti, Theuer 1991, S. 506

55 Fischer, Alberti 2012, S. 182. Neue Übersetzung des lateinischen Originals anstelle der Übersetzung von Theuer in: Alberti, Theuer 1991, S. 495/96

56 Alberti, Theuer 1991, S. 496

57 Ebenda

58 Ebenda

59 Fischer, Alberti 2012, S. 183

60 Alberti, Theuer 1991, S. 497

61 Ebenda

62 Ebenda, S. 499

63 Ebenda, S. 500 unten

64 Ebenda, S. 502 oben

65 Ebenda, S. 502 mitte

66 Naredi-Rainer 2008, S. 189

67 Ebenda, S. 193/94

68	Naredi-Rainer 1982
69	Ebenda, S. 172
70	Naredi-Rainer 2008, S. 190
71	Tönnesmann 1996, Anmerkung 194, S. 110
72	Fischer, Alberti 2012, S. 72
73	Preyer 1981, S. 192
74	Ebenda, S. 184 unten, Anmerkung 5
75	Mack 1974, S. 528
76	Ebenda, S. 519
77	Vasari 1983, Band II, 1. Teil, S. 345
78	Ebenda, S. 339
79	Vasari 1983, Band II, 2. Teil. S. 91/92
80	Ebenda, S. 96
81	Mack 1972, S. 164
82	vgl. Preyer 1981, S. 192
83	Ebenda, S. 190
84	Pieper 1997
85	Mack, 1972, S. 72
86	Kent 1981, S. 51
87	Ebenda
88	Preyer 1981, S. 188/89
89	Ebenda, S. 182
90	Preyer 1981, S. 183/84
91	Kent 1981, S. 85
92	Ebenda, S. 89
93	Ebenda

Bibliografie

Alberti, Leon Battista (Alberti, Lücke 1975, 4. Band) *De re aedificatoria*. Florenz 1485. Faksimileband der Inkunabel ed. princ. Florenz 1485. In: *Alberti-Index*, bearbeitet von Hans-Karl Lücke, 4. Band, Prestel Verlag, München 1975

Alberti, Leon Battista (Alberti, Theuer 1991) *Zehn Bücher über die Baukunst*. Übersetzung Max Theuer. Wissenschaftliche Buchgesellschaft, Darmstadt 1991

Alberti, Leon Battista *Über das Hauswesen (Della Famiglia)*. Übersetzung Walther Kraus. Artemis Verlag, Zürich 1962

Bätschmann, Oskar (Bätschmann, Alberti 2000) Leon Battista Alberti. *Das Standbild. Die Malkunst. Grundlagen der Malerei*, herausgegeben von Oskar Bätschmann, Chr. Schäublin, Wissenschaftliche Buchgesellschaft, Darmstadt 2000

Burckhardt, Jacob *Geschichte der Renaissance in Italien*. 6. Auflage. Paul Neff Verlag, Esslingen 1920

Burckhardt, Jacob *Die Kultur der Renaissance in Italien*. Alfred Kröner Verlag, Leipzig 1926

Cicero, Marcus Tullius *De officiis. Vom pflichtgemäßen Handeln*. Reclam, Stuttgart 1984

Cleugh, James *Die Medici, Macht und Glanz einer europäischen Familie*. Bechtermünz Verlag, Augsburg 1996

Fischer, Günther (Fischer, Vitruv 2009) *Vitruv Neu oder Was ist Architektur?* Bauwelt Fundamente Nr. 141, Birkhäuser Verlag, Basel 2009

Fischer Günther (Fischer, Alberti 2012) *Leon Battista Alberti. Sein Leben und seine Architekturtheorie*. Wissenschaftliche Buchgesellschaft, Darmstadt 2012

Fischer, Günther *Architekturtheorie für Architekten*. Bauwelt Fundamente 152, Birkhäuser Verlag, Basel 2018, 2. überarbeitete Auflage

Fischer, Oliver „Das Beste aller Feste". In: *Das Florenz der Medici*, Geo Epoche Nr. 85, Gruner und Jahr, Hamburg 2017, S. 55.

Forster, K.W./ Locher, H. *Theorie der Praxis. Leon Battista Alberti als Humanist und Theoretiker der bildenden Künste*. Akademie Verlag, Berlin 1999

Gadol, Joan *Leon Battista Alberti. Universal Man of the Renaissance.* Chicago, University of Chicago Press, 1969

Garin, Eugenio „Studi sul L.B. Alberti". In: *Rinascite e rivoluzioni.* Bari 1975

Gombrich, Ernst H. *Die Geschichte der Kunst.* Belser Verlag, Stuttgart und Zürich, 1977

Grafton, Anthony (Grafton 2002) *Leon Battista Alberti, Baumeister der Renaissance.* Berlin Verlag, Berlin 2002 (Originalausgabe *Leon Battista Alberti, Master Builder of the Italian Renaissance.* Hill and Wang, New York 2000)

Grayson, Cecil (Grayson 1960) „The composition of L. B. Albertis Decem libri de re aedificatoria". *Münchener Jahrbuch der bildenden Kunst*, 3. F., XI, 1960

Grayson, Cecil „Leon Battista Alberti: vita e opere". In: *Ausstellungskatalog Alberti 1994*

Günther, Hubertus „Albertis Vorstellung von antiken Häusern". In: K.W. Forster und H. Locher (Hg.), *Theorie der Praxis.* Akademie Verlag, Berlin 1999, S. 157–202

Kent, F.W. (Kent 1981) „The Making of a Renaissance Patron of the Arts". In: *A Florentine Patrician and his Palace*, S. 9–98. The Warburg Institute, London 1981

Klotz, Heinrich L.B. Albertis „De re aedificatoria in Theorie und Praxis". In: *Zeitschrift für Kunstgeschichte*, Heft 32, 1969, S. 93–103

Krautheimer, Richard „Alberti and Vitruvius". In: *Studies in Early Christian, Medieval and Renaissance Art.* N.Y. 1969, London 1971, S. 323–332

Lorenz, Hellmut *Studien zum architektonischen und architekturtheoretischen Werk L. B. Albertis.* Diss., Wien 1971

Lücke, Hans-Karl *Alberti-Index. Leon Battista Alberti „De re aedificatoria".* Florenz 1485, Bd. 1–4, Prestel Verlag, München 1975

Mack, Charles Randell (Mack 1972) *Studies in the architectural career of Bernardo di Matteo Ghamberelli, called Rossellino.* (Diss.) Chapel Hill, N.C. 1972

Mack, Charles Randell (Mack 1974) „The Rucellai Palace: Some New Proposals". In: *The Art Bulletin*, 1974

Mesenhöller, Mathias „Ein guter Platz für Geschäfte". In: *Das Florenz der Medici*, Geo Epoche Nr. 85, Gruner und Jahr, Hamburg 2017, S. 22

Naredi-Rainer, Paul von (Naredi-Rainer 1982) *Architektur und Harmonie. Zahl, Maß und Proportion in der abendländischen Baukunst.* 5. Aufl., Dumont, Köln 1982

Naredi-Rainer, Paul von (Naredi-Rainer 2008) „Zahlensymbolik und messbare Schönheit – Architekturästhetik zwischen Mittelalter und Neuzeit". In: Poeschke, Joachim, Syndikus, Candida (Hrsg.) *Leon Battista Alberti. Humanist – Architekt – Kunsttheoretiker.* Rhema-Verlag, Münster 2008

Paatz, Walter *Die Kunst der Renaissance in Italien.* Kohlhammer Verlag, Stuttgart 1954

Perosa, Alessandro „Lo Zibaldone di Giovanni Rucellai". In: Trapp, J. B. (Hrsg.) *A Florentine Patrician and his Palace.* Warburg Institut, London 1981

Pevsner, Nikolaus *Europäische Architektur.* Prestel Verlag, München, 2. Auflage 1967

Pieper, Jan *Pienza – Der Entwurf einer humanistischen Weltsicht.* Edition Axel Menges, 1997

Poeschke, J. / Syndikus, C. *Leon Battista Alberti. Humanist – Architekt – Kunsttheoretiker.* Rhema-Verlag, Münster 2008

Preyer, Brenda (Preyer 1981) „The Rucellai Palace". In: *A Florentine Patrician and his Palace*, S. 155-225. The Warburg Institute, London 1981

Reinhardt, Volker *Die Medici. Florenz im Zeitalter der Renaissance.* C. H. Beck, München, 3. Auflage 2004

Reinhardt, Volker *Geschichte von Florenz.* C. H. Beck, München 2013

Roeck, Bernd *Der Morgen der Welt. Geschichte der Renaissance.* C. H. Beck, München 2017

Sanpaolesi, Piero „Precisazioni sul Palazzo Rucellai". In: *Palladio Nr. 13* (1963)

Sanpaolesi, Piero „L'Architettura del Palazzo Rucellai". In: *A Florentine Patrician and his Palace*, S. 229–240. The Warburg Institute, London 1981

Schlosser, Julius von *Die Kunstliteratur.* Kunstverlag Anton Schroll & Co, Wien 1985 (unveränderter Nachdruck der Ausgabe von 1924)

Schlosser, Julius von „Ein Künstlerproblem der Renaissance: L.B. Alberti." Akademie der Wissenschaften in Wien, *Sitzungsberichte, 210.* Band, 2. Abhandlung, Wien 1929

Tavenor, Robert *On Alberti and the Art of Building.* Yale University Press, New Haven and London 1998

Tönnesmann, Andreas *Pienza. Städtebau und Humanismus.* Hirmer Verlag München, 2. Aufl. 1996

Toman, Rolf (Hrsg.) *Die Kunst der italienischen Renaissance.* Tandem Verlag, Köln 2005

Trapp, J. B. (Hrsg.) *A Florentine Patrician and his Palace.* Warburg Institut, London 1981

Turner, Richard *Renaissance in Florenz. Das Jahrhundert der Medici.* DuMont, Ostfildern 1999

Vasari, Giorgio (Vasari 1983) *Leben der ausgezeichnetsten Maler, Bildhauer und Baumeister.* Herausgegeben von Ludwig Schorn und Ernst Förster, Nachdruck der ersten deutschen Gesamtausgabe Stuttgart und Tübingen 1832–1849, Werner'sche Verlagsgesellschaft, Darmstadt 1983, Band II, 1. und 2. Teil

Vasari, Giorgio *Kunsttheorie und Kunstgeschichte.* Wagenbach, Berlin 2004

Vasari, Giorgio *Einführung in die Künste der Architektur, Bildhauerei und Malerei.* 2., verbesserte Auflage, Wagenbach, Berlin 2012

Vitruv (Vitruv, Ausgabe Fensterbusch, 1996) *Zehn Bücher über Architektur.* Wissenschaftliche Buchgesellschaft, Darmstadt, 5. Auflage 1991; Primus-Verlag, Lizenzausgabe 1996

Wittkower, Rudolf *Grundlagen der Architektur im Zeitalter des Humanismus.* Deutscher Taschenbuch Verlag, München 1983. Originalausgabe: *Architectural Principles in the Age of Humanism,* London 1949

Bildnachweis

Abb. **2, 8, 31, 33, 34, 35, 38 lks., 45 lks., 49, 58, 61, 77:** Trapp, J. B. (Hrsg.). A Florentine Patrician and his Palace. The Warburg Institute, London 1981; Plate 4 (bearb.), 6 (bearb.), 13, 7, 14, 7 (Var. bearb.), ebenda (bearb.), 19 oben, 9 (bearb.), 20 (bearb.), ebenda (bearb. und ergänzt), 25 // Abb. **59, 69, 70, 72, 81 re., 85, 89 unten, 91, 116, 119 re., 121, 122, 123, 125:** R. Tavenor. On the Art of building, Yale University Press, New Haven and London 1998; Seite 82 (Ausschnitt), ebenda (gesamt), 87 (Ausschnitt), 2, 181, 88, 164 und 132, 82 (Ausschnitt, bearb.), 88 unten (Ausschnitt, bearb.), 87 unten, 123 (bearb.), 97 (bearb.), 82, 109 // Abb. **27 re., 32 re., 37, 71, 84 re., 88 re., 103, 108 re.:** Toman, Rolf (Hrsg.). Die Kunst der italienischen Renaissance. Tandem Verlag, Köln 2005; Seite 122 unten, ebenda, ebenda (Ausschnitt), 243, 123, 203, ebenda // Abb. **6, 7, 9, 10, 11, 12, 13, 26, 27 lks., 28, 29, 38 re., 39, 40, 41, 42, 43, 44, 45 re., 46, 47, 48, 50, 51, 52, 53, 57, 60, 62, 65 re., 66, 67, 79, 82 re., 83, 86, 87, 88 lks., 114, 115, 117, 118, 119 lks., 120:** Autor // Abb. **16, 17, 21, 22, 30, 74, 78 lks., 92, 107:** Wikimedia Commons // Abb. **14, 15, 18, 36, 64, 76, 89 oben, 100, 101, 105, 108 lks., 111, 126:** Wikimedia Commons, Sailko // Abb. **96, 97** Wikimedia Commons, Luca Aless/ **94** Assianir/ **110** Karelj/ **20, 104** Rufus46/ **98** Raffaele Pagani/ **23** (Ausschnitt) Magnus Gertkemper/ **24** (Ausschnitt) Gryffindor/ **63** Giovanni Dall'Orto/ **75, 84 lks.** Flying Russian / **109** Lalupa // Abb. **1, 54** (Ausschnitt), **68, 90, 112, 113** (Ausschnitt), **124:** Wikimapia, Ojkumena // Abb. **78 re.:** Freimaurer-Wiki // Abb. **4:** Geo Epoche Nr. 85 // Abb. **55** (modifiziert), **56** (bearb.), **65 lks.:** artarchitecture-inflorence.wordpress.com //Abb. **5:** Google Earth, 2/14/2020 (bearb.) // Abb. **80, 81 lks., 82 lks.:** Naredi-Rainer. Architektur und Harmonie. Zahl, Maß und Proportion in der abendländischen Baukunst. 5. Aufl., Dumont, Köln 1982; Seite 171, 167, 171 (Ausschnitt) // Abb. **93, 95, 99:** Tönnesmann, Andreas. Pienza. Städtebau und Humanismus. Hirmer Verlag München, 2. Aufl. 1996; Seite 58, 58 (Ausschnitt), 87 (bearb.) // Abb. **102, 106:** Il cittadino online // Abb. **73:** Ficacci, Luigi. Giovanni Battista Piranesi, Taschen, Köln 2001, S. 62 // Abb. **25:** intranet.pogmacva.com // Abb. **19:** MK&G, Hamburg // Abb. **3:** Burckhardt, Jacob. Die Kultur der Renaissance in Italien. Alfred Kröner Verlag, Leipzig 1926, Tafel III, Ausschnitt

Pläne

Die im vorliegenden Text – in Ermangelung älterer Quellen – benutzten Grundrisspläne des Palazzo Rucellai stammen aus dem 19. Jahrhundert (genauer: aus der Zeit um 1846) und befinden sich im Kunsthistorischen Institut Florenz. Einer breiteren Öffentlichkeit zugänglich gemacht wurden sie durch die Veröffentlichung des Warburg Instituts von 1981 *A Florentine Patrician and his Palace*, dort im Anhang des Kapitels „The Rucellai Palace" von Brenda Preyer.

Sich aus diesen erst 400 Jahre nach der Erbauung aufgezeichneten Plänen ein Bild des Originalzustands des Palastes zu machen, ist naturgemäß schwierig und bleibt für einige Teilbereiche auf Vermutungen und Hypothesen angewiesen, zumal sich selbst in diesen so spät und bereits relativ akkurat gezeichneten Plänen immer noch Abweichungen zu der heute vorhandenen Realität finden. So verläuft zum Beispiel die Außenwand des Palastes an der Via dei Palchetti nicht – wie dort gezeichnet – in einer Flucht, sondern beginnt an der Ecke zur Via della Vigna Nuova rechtwinklig und verschwenkt erst am Ende des Eckhauses leicht in Richtung Osten. Das lässt vermuten, dass auch an anderen Stellen nicht hundertprozentig auf die gezeichneten Angaben Verlass ist, aber bessere oder frühere Pläne sind nicht vorhanden.

Vor allem aber weichen die Pläne infolge der immer wieder vorgenommenen Umbauten an vielen Punkten vom Originalzustand des Palastes direkt nach seiner Fertigstellung ab. Entscheidende Veränderungen fanden vor allem im Bereich des Innenhofs und des Treppenhauses statt. (Beide Bereiche wurden bereits in den vorangegangenen Kapiteln ausführlich erörtert.) Künftige Veröffentlichungen der Grundrisse des Palazzo Rucellai sollten diese Abweichungen berücksichtigen und nur den Zustand von 1455 mit dem damals geplanten – und auch realisierten – Originalpalast von fünf Achsen darstellen. Denn wie wir gesehen haben, erfolgte die spätere Erweiterung von 1458–1462 nicht mehr organisch, sondern nur noch additiv, sowohl im Grundriss wie auch in der Fassade.

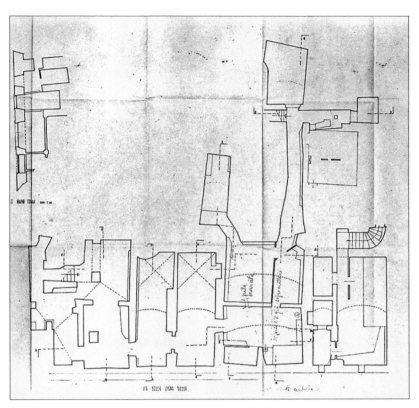

Plan 1: Kellergeschoss

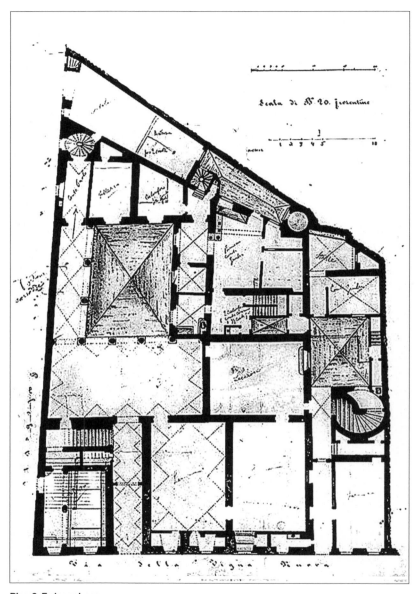

Plan 2: Erdgeschoss

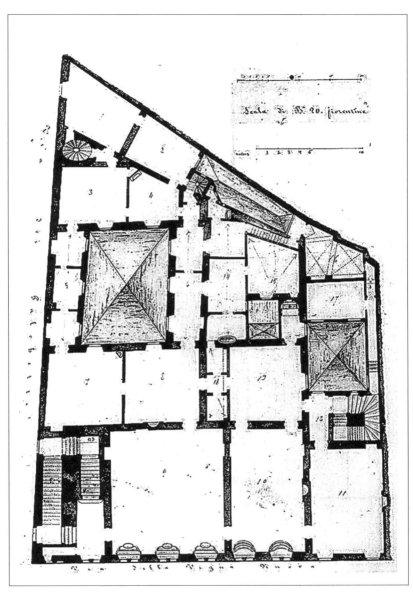

Plan 3: 1. Obergeschoss

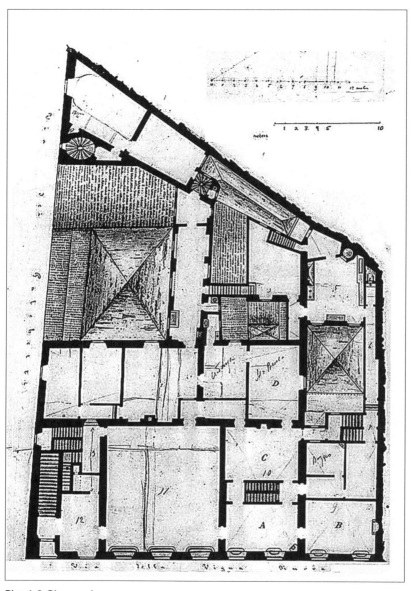

Plan 4: 2. Obergeschoss

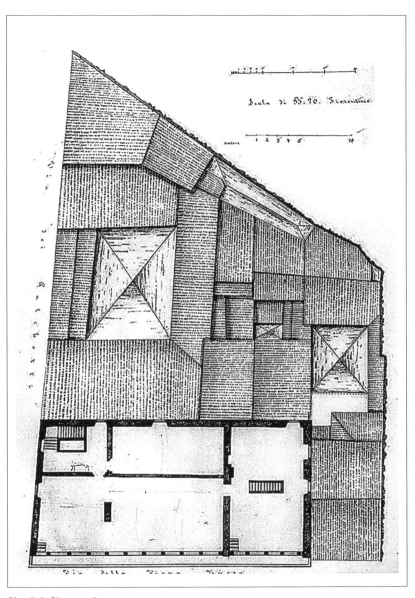

Plan 5: 3. Obergeschoss

Ursprüngliche Parzellenstruktur

Aus dem Kellergrundriss lässt sich eine regelmäßige Anordnung von relativ schmalen Parzellen mit ca. 7,50 m Breite an der Via della Vigna Nuova entnehmen, die bis zum Areal von San Pancratio reichten. Nur die beiden Eckparzellen wurden von den ihrerseits senkrecht zur Via dei Palchetti verlaufenden Grundstücken in der Tiefe stark beschnitten. Abweichungen von dem bei Brenda Preyer angenommenen Verlauf ergaben sich lediglich im hinteren Bereich der Via dei Palchetti, wo die Grundstücksgrenzen wahrscheinlich ebenfalls rechtwinklig

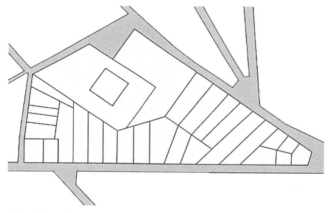

Plan 6: Parzellenstruktur des Gesamtareals

zur Straße verliefen. Das ist besonders für die Nordseite des späteren Palasthofes von Belang, von der Preyer annimmt, dass sie auf die alte Grundstücksgrenze und Bestandsbebauung zurückgeht. Ein Grundstücksverlauf parallel zur relativ weit entfernten Hauptstraße ist aber eher unwahrscheinlich, sodass auch in diesem Bereich von einem Totalabriss der vorhandenen Bebauung ausgegangen werden muss, um den Innenhof – wenn schon nicht quadratisch – wenigstens als Rhombus ausbilden zu können. Außerdem war der komplette Abriss der auf diesem Grundstück vorhandenen Bebauung schon deshalb nötig, weil die Fußbodenhöhe der neuen Hofbebauung, insbesondere des neuen Ganges vom Vorderhaus in den Küchentrakt, sicherlich nicht mit den Deckenhöhen der Altbebauung übereinstimmte und auch die neue Nutzung als Stall und Lager im Erdgeschoss und Küche im 1. Obergeschoss nicht zu der vorherigen Wohnnutzung passte.

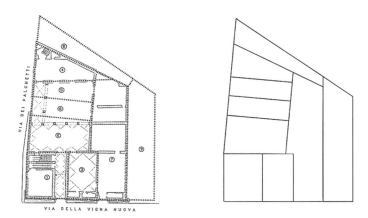

Plan 7: Parzellenstruktur Baugrundstück (links Preyer, rechts Fischer)

Über den Autor

Günther Fischer, Jahrgang 1950, studierte Germanistik, Kunstgeschichte und Philosophie in Göttingen, schloss ein Architekturstudium an der TU-Berlin mit dem Diplom ab und promovierte dort über das Thema „Architektur und Sprache".

Anschließend arbeitete er als selbstständiger Architekt und Stadtplaner und zeichnete unter anderem für die bauliche und räumliche Gesamtgestaltung des Nettelbeckplatzes in Berlin-Wedding (1980–1994) und für die Neugestaltung des Goethe-Nationalmuseums in Weimar (1995–2000) verantwortlich. 1991 wurde er zudem als Professor für Entwerfen, Städtebau und Architekturtheorie an die Architekturfakultät Erfurt berufen. Im Rahmen der dortigen Forschungstätigkeit entstand unter anderem die erste vollständige Darstellung der Architekturtheorie Albertis *Leon Battista Alberti. Sein Leben und seine Architekturtheorie* (WBG, 2012), deren Ergebnisse auch in die vorliegende Arbeit eingeflossen sind.

Im Birkhäuser Verlag erschienen sind bisher: *Abschied von der Postmoderne* (1985), *Vitruv Neu* (2009), *Architekturtheorie für Architekten* (2015), *Alte Baukunst und Neue Architektur* (2018).

Projektkoordination Katharina Kulke

Herstellung Amelie Solbrig

Layout und Covergestaltung Floyd Schulze

Satz hawemannundmosch, Berlin

Papier Schleipen Fly extraweiß, 130 g/m²

Druck Beltz Grafische Betriebe GmbH, Bad Langensalza

Lithografie LVD Gesellschaft für Datenverarbeitung mbH, Berlin

Library of Congress Control Number: 2021942147

Bibliografische Information der Deutschen Nationalbibliothek
Die Deutsche Nationalbibliothek verzeichnet diese Publikation in der
Deutschen Nationalbibliografie; detaillierte bibliografische Daten
sind im Internet über http://dnb.dnb.de abrufbar.

ISBN 978-3-0356-2390-1
e-ISBN (PDF) 978-3-0356-2391-8

© 2021 Birkhäuser Verlag GmbH, Basel
Postfach 44, 4009 Basel, Schweiz
Ein Unternehmen der Walter de Gruyter GmbH, Berlin/Boston

9 8 7 6 5 4 3 2 1   www.birkhauser.com